トマト・メロンの自然流栽培

多本仕立て、溝施肥、野草帯で無農薬

小川 光—著

農文協

はじめに——施設園芸でこそ可能な有機栽培

施設園芸の長所を活かし、短所を補う

現在、施設園芸は花卉栽培の大部分、野菜栽培でも生産額の半分以上を占めている。露地栽培する野菜でも、育苗はハウスで行なわれることが多く、たとえばスイカをハウスで育苗しなければ、九月にならないと収穫できない。水稲でさえハウスでの育苗が半分以上を占めていて、トンネルを含めると、ほとんどは何らかの施設で育苗されている。それなのになぜ、施設で取り組む有機栽培が少ないのか?

これは、「ビニールなど石油製品を使うのはエコでない」という誤った信仰が幅を利かせているからである。それに加えて、施設園芸特有の病害虫や、塩類集積、花粉媒介昆虫の不在なども関係している。たしかに、施設園芸ではハダニ、アブラムシ、うどんこ病などの病害虫が出やすい。特にハダニは雨が当たると減るので、露地ではあまり問題にならないが、ハウスではインゲンやナスが真っ先にやられる。

施設園芸は、特に日本では歴史が浅い。江戸後期の油紙栽培から始まり、戦前はガラス温室でメロンやブドウ、バラなど限られた作物が栽培されていたにすぎない。石油製品による被覆は戦後急速に広まったもので、農薬などが露地と同様に使われてきた。「ハウス内は雨が入らないから、灌水設備が不可欠」とされ、いわば乾燥を克服すべき対象と考えてきた。

しかし、施設園芸では、雨によって増殖する疫病、べと病など藻菌類による病害が防げるだけでなく、雹、霜、根雪、風害、鳥獣害、果実吸蛾類、酸性雨や火山灰の被害も軽減できる。それによっ

て農薬の使用も大幅に少なくなる。そして施設園芸特有の病害虫には、私の技術「野草帯」「多本仕立て」「桜の落ち葉による堆肥施用」などが大きな力を発揮するのである。

野草帯は天敵や花粉媒介昆虫の住処となる。多本仕立てはうどんこ病で下葉がやられても次々出てくる若い葉が代償作用を果たし、耐病性の台葉も使える。桜の落ち葉は殺菌作用を持つクマリンを含み、うどんこ病やつる枯れ病の予防に効果がある。無灌水栽培により、一般には朝方高湿度になりやすいハウスが、常時乾燥状態となり、トマト葉かび病など、さまざまな病害の発生を抑制でき、無農薬栽培が容易になるのである。

露地栽培よりも資材費がかからない

施設園芸は「さまざまな資材をたくさん使う農業」と一般にみられている。これが「エコでない」という印象を与え、有機農業を目指す農家が施設園芸を避けてきた一因と思われる。そこで、私の技術にかかる資材費を示す。

【施設費】 私の場合、パイプは中古品が多く、特に雪害再生パイプを多く使うことで、資源の有効利用を果たしている。また、PO(ポリオレフィン)は塩化ビニールと違ってダイオキシンが発生せず、使用年限も夏だけであれば一〇年、年間利用でも六年は使える(塩化ビニールの二倍以上)。ハウス内は強風や雹から守られ、紫外線も少ないためマルチ資材も長持ちする。

【機械費】 私は通常、トレンチャーと除雪機しか使っていない。ほかには周辺樹木の伐採でチェーンソーをたまに使うくらいだ。これに対して慣行栽培ではトレンチャーの代わりにトラクター、草刈り機などを使用している。トレンチャーは足が遅く、部分耕であることを差し引いても、年間の燃料消費量はむしろ少ない。

【種苗費】 疎植多本仕立てなので、種子購入量は慣行栽培の三分の一である。さらに自家採種も行なっているので、将来的にはまったく不要になる。

【肥料費】 私は落ち葉と米ヌカによる自家製堆肥か、牛糞堆肥を購入するだけなので、肥料代は慣行栽培より大幅に少なく、肥料会社から購入するものはない。

【農薬費】 私はつる枯れ病にその場の土を塗って治療するくらいで、農薬、生育調節剤などはまったく使わない。野生のマルハナバチがいるので着果ホルモンや花粉媒介用蜂も買う必要がない。

【出荷経費】 慣行農家と基本的に違いはないが、共選場を使わないので、その経費がかからない。共選場は、かつて多額の補助金が出され、規格選別を自動化するために高価な機械が導入された。市場対応への過剰な投資が、日本の農産物の価格を吊り上げている。

筆者（左から２番目）

たしかな知識に基づく合理的な技術を

私の技術も多くの先人たちの研究に基づき、純粋に私が開発したものはごく少ない。

元鯉淵学園の丸川慎三氏はカボチャ台木の特性について、元弘前大学の元村佳恵氏は光合成産物の転流について、元青森農試の長谷川一氏はカボチャ台葉との共生栽培について、東京大学の鷲谷いづみ教授は野草帯の生態系について、トルクメニスタン農業科学研究所の Aklyev 野菜研究室長らは同国の野菜栽培技術について、それぞれ貴重な助言や研究成果を提供され、深く感謝している。

私の技術を一言でいえば、一見、人工的環境に見える施設栽培でも、植物としての能力と地域の環境、資源の力を最大限発揮させるため、育種学、栽培学、植物生理学、土壌学、群落生態学、動物学、（微）気象学、材料工学など、多くの分野の知識を総合していることである。

なぜ、最適栽植密度の三倍も密植しているのか？　なぜ、耕作放棄農地が多いのに食糧自給率がこんなに低いのか？　これらに対して、単に批判、評論するのではなく、実力で不合理に挑もう。会津北西部という小さな地域からであっても、合理的な状態に近づける既成事実を作っていこう。かつて勤めた普及所や、農協など既成の組織には頼らない。おつりがくるくらいの成果が出れば、いやでもそれらはついてこざるをえないのだから。

世界でも、不適切な水管理などにより、多くの自然破壊と農地の改廃、食糧生産の停滞が起こっている。多くの技術者が、それぞれ専門を活かした合理的な技術をもって世界に進出し、これらの改善に取り組んでいくことを望む。

二〇一一年　二月

小川　光

目次

第2章　トマトの多本仕立て

第3章 メロンの多本仕立て

第4章 溝施肥による肥培管理

第5章　野草帯による害虫防除

第6章　多本仕立ての経営戦略

イラスト／大内かなえ
写真撮影／赤松富仁
図4、5、6、12、19、22、23、26、27、33

第1章 果菜類の力を引き出す

捨てていたムダ枝を活かすと

「側枝はかくものだ」の思い込み

トマト、キュウリなどの果菜類を育てるとき、わき芽（側枝）をかく、または止める作業が当たり前のように行なわれている。

たとえばキュウリでは、ハウスも露地も、五節までの側枝は元から除去し、その上からはすべて二節残して摘心する一本仕立てが普通である。大玉トマトでも、側枝はすべて摘み取る一本仕立てが普通である。ミニトマトでは、第一花房直下の側枝一本を伸ばして二本仕立てとし、そのほかの側枝はやはり除去してしまうのが普通である。

こうしたことが習慣になり、わき芽（側枝）を見れば無意識に取ってしまう人が少なくない。私自身、福島県喜多方農業改良普及所に勤務していた一九七六年、ある農家のメロンの多本仕立てを見るまでは「側枝はかくものだ」と思い込んでいた。

疎植で側枝を伸ばしたメロン農家

その農家は、メロンのハウス栽培を始めたが、育苗に失敗して苗が大幅に足りなくなり、ハウスの場所を有効に利用するため、疎植して側枝を伸ばし、「立作り四〜六本仕立て」とした。

摘果も行なわなかったため一株に八果以上着果し、果実はみな一kg未満の小果ばかりとはいえ、おおむねどの株も五kg以上収穫することができた。

これを見て私は植物の持つ潜在能力の大きさを知り、園芸試験場へ転勤になった翌々七八年、農業短大生の卒業研究でメロンの自根、カボチャ台（台木品種は新土佐1号。以下、農試の試験で単にカボチャとあれば同じ）、各一、二、三本仕立てのメロン栽培試験を行なった。なお、メロンは仕立て本数にかかわらず、すべて立作り栽培である。

メロンで多本仕立て栽培の試験

メロンの栽培試験初年目となる一九七八年、自根の三本仕立てで比較的草勢がおとなしかったものの、接ぎ木で

仕立て方の違いと，それぞれの特徴

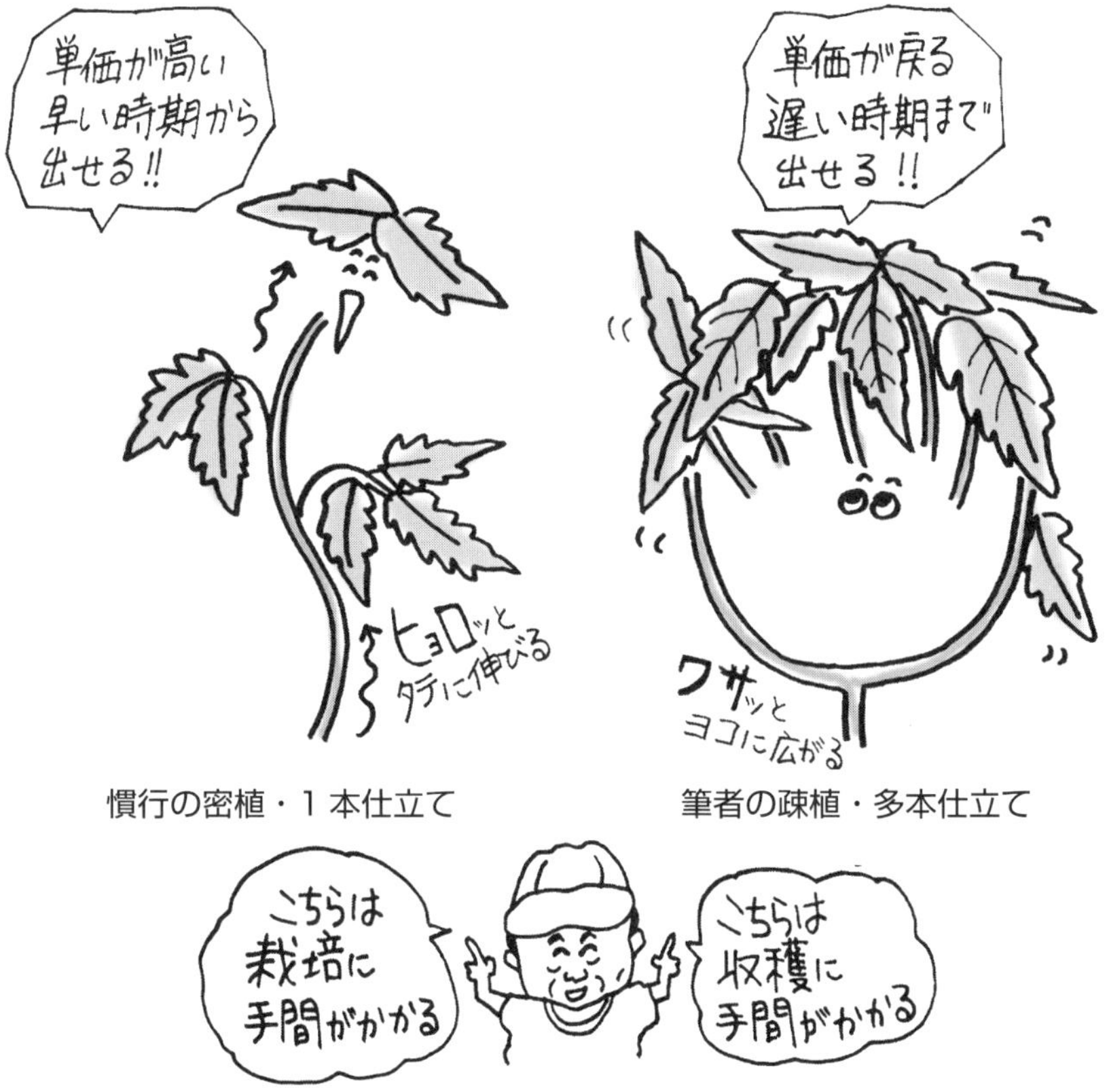
単価が高い
早い時期から
出せる!!
ヒョロッと
タテに伸びる
慣行の密植・1本仕立て
単価が戻る
遅い時期まで
出せる!!
ワサッと
ヨコに広がる
筆者の疎植・多本仕立て
こちらは
栽培に
手間がかかる
こちらは
収穫に
手間がかかる

三本仕立ては過繁茂となった（表1）。翌七九年にはカボチャ台六、九本仕立ても加えて試験したが、一つる当たりの着果数にこだわらず、強いつるには多数着果させるようにすれば、面積当たり収量の低下はほとんどなかった（表2）。

つるの間隔は慣行二本仕立てとほぼ同じにしたため、単位面積当たりの植付け本数は、六本仕立てでは二本仕立ての三分の一（おおむね一〇a当たり四一二株）となる。その後多くの仕立て本数の試験を行なったが、二〇本まで仕立てても、反収はほとんど低下せず、多数立てるほど、立てた側枝から出る側枝が少なくなって扱いやすくなった（表3）。

表1　メロン接ぎ木と自根で3本仕立ての試験（1978）

台木	仕立て本数	平均収穫日	1株当たり着果数	1果重(g)	糖度(BX)	葉中窒素(%)
自根	1	9.18	1.00	1,215	10.8	1.91
	2	17	1.67	1,670	15.4	2.28
	3	14	1.68	2,118	15.1	2.37
新土佐1号	1	9.12	1.00	2,513	11.0	2.60
	2	10	1.33	2,850	16.0	2.66
	3	5	2.67	2,501	15.0	2.37

よる収量・品質などの比較

5点法によるネット密度	5点法によるネット盛上り	糖度（BX）				果高/果径
		果肉中央	上部	下部	胎座	
4.29	4.46	14.7	13.6	12.7	13.8	1.13
4.75	4.65	15.1	15.1	14.0	14.4	1.18
4.68	4.68	16.0	15.6	13.4	14.8	1.11
4.75	4.56	16.8	15.0	12.5	14.6	0.99
4.86	4.76	14.7	13.8	12.3	13.3	1.01
4.94	4.50	16.4	16.4	11.7	15.3	1.03
4.70	5.00	13.7	12.5	11.8	13.0	1.00
4.94	5.00	14.6	13.8	13.1	13.8	1.03
5.00	5.00	14.5	13.5	12.0	13.3	1.02
4.58	4.11	14.0	14.7	13.6	15.1	1.14
4.78	4.91	15.8	15.7	14.8	15.5	1.01
4.89	4.43	15.2	15.1	13.5	14.8	1.08
4.38	3.88	15.1	14.1	13.9	14.2	1.02
4.52	3.90	15.9	15.5	14.5	15.1	1.01
4.82	4.18	13.2	13.4	13.3	13.4	0.98
4.50	4.90	16.4	15.2	13.8	15.1	0.99
4.74	4.78	15.3	14.1	13.0	13.4	1.02

表2　メロン接ぎ木と6・9本仕立ての試験（1979）

台木	仕立て本数	平均収穫日	着果節位	1株当たり着果数	1果重(g)	10a当たり収量(t)	5点法によるネット密度	糖度(BX)	果高/果径
自根	3	8.30	11.6	3.00	2,108	5.86	4.86	15.8	1.12
新土佐1号	3	8.26	11.1	3.00	2,208	6.49	4.75	14.5	1.08
	6	8.27	12.1	5.50	2,104	5.90	4.83	15.3	1.08
	9	8.29	12.7	8.25	2,234	5.84	4.81	15.1	1.06

表3　メロンの播種期と仕立て本数に

品種	播種日	仕立て本数	収穫日	着果節位	1株当たり着果数	1果重(g)	10a当たり収量（kg)
真珠100	5月7日	4	9.13	15.2	8.0	1,530	4,775
		6	14	14.0	10.0	1,624	4,840
		8	16	14.6	10.3	1,607	4,264
	5月30日	4	10. 9	15.2	5.3	1,776	4,932
		6	9	16.4	6.7	1,817	4,507
		8	4	15.0	6.0	2,203	3,485
	6月22日	4	10.31	15.4	6.0	1,347	3,622
		6	29	17.8	6.7	1,259	2,738
		8	11. 1	17.7	11.3	1,279	3,636
東宝	5月7日	4	9.13	12.6	6.3	1,257	4,148
		6	16	11.5	7.7	1,195	3,180
		8	16	11.0	9.3	1,544	3,216
	5月30日	4	10. 5	14.9	5.3	1,828	5,077
		6	3	14.5	7.0	1,682	4,089
		8	9	14.6	9.0	1,747	5,528
	6月22日	14	11. 4	14.7	11.0	1,397	2,397
		20	3	18.1	20.0	1,743	3,789

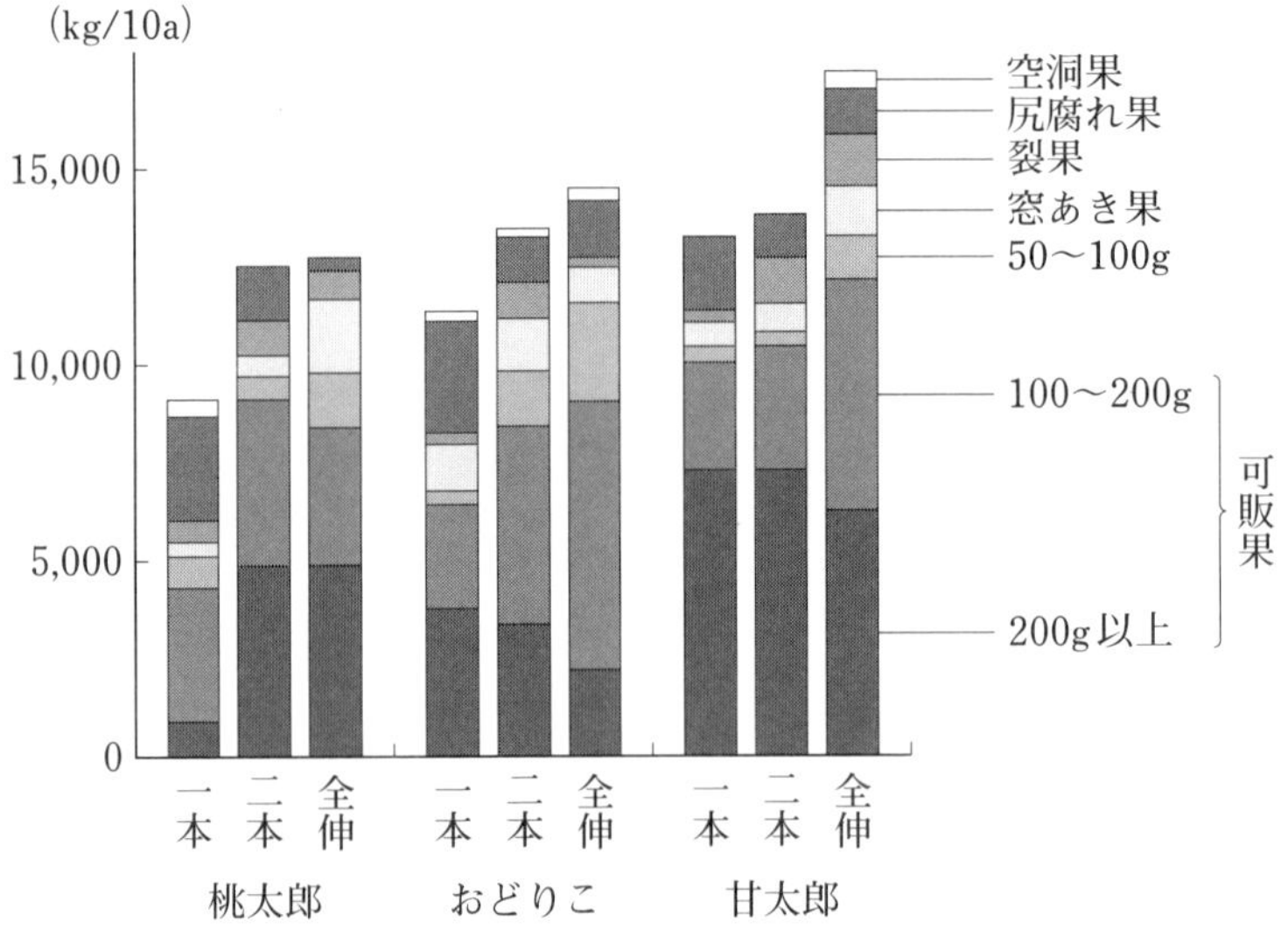

図1　トマトの仕立て本数と品質別収量（1990）

トマトでも成果が出た多本仕立て

トマトについても、一九八九～九一年に農試会津支場で整枝法の試験を行ない、私が考案した「花房直下側枝全伸栽培」が最も疎植なのに、最も反収が多く、品質もよいことが実証された（図1）。

　花房直下側枝全伸栽培は花房直下の側枝をすべて伸ばして着果させていく方法である（図2）。一本仕立てと比較して、植付け本数は二五～四二％、平均三三％、すなわち三分の一としている。

　当時、「トマトが一株から一万二〇〇〇個も収穫できた」と水耕栽培が宣伝されていたが、普通の土耕栽培でも同じように植物としての能力が発揮できる。人間が手を加えるのは、作業し

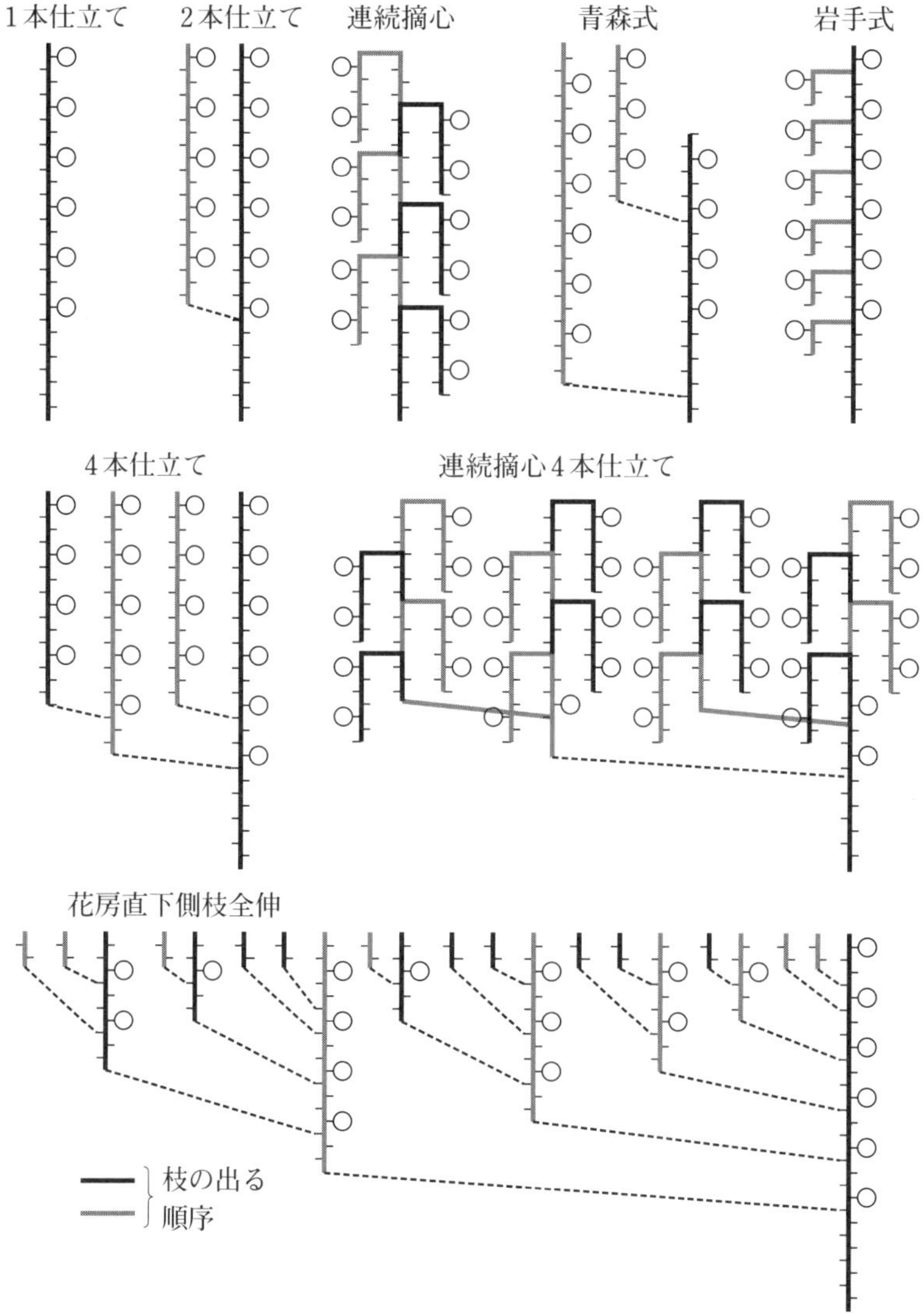

図2　トマトの仕立て方法（模式図）

やすくするためなどの目的で最小限にすべきではないかと考えるようになった。

ただし、メロンでもトマトでも、こうした疎植多本仕立てにするためには、側枝の勢いがつくよう、必ず通常よりずっと若い苗、メロンでは本葉二枚、トマトでも四枚以下の若苗で定植する必要がある。

多くの生長点、深く広く張る根

多本仕立ての研究を発表するときに、決まって質問されたのは「一株駄目になると、まとまって数本駄目になる。収量への影響が大きいのではないか?」だった。たしかにウイルス病とか、土壌病害で一株枯れると、すっぽり空間ができてしまう。「ハウスのビニールなど、その場所にかかっている経費がもったいない」というのである。

しかしウイルス病にしても、つる割れ病にしても、どんどん広がるものであるから、やられるときは同じである。むしろ、葉など地上部に出る病害虫に対して、予備の芽が伸びて補うことができる生長点を多数確保している多本仕立てのほうが、安全性が高いといえる。

また、地上部が大きい株は根も当然深く広く張るので、干ばつや湿害に対しても抵抗力が強く、特に着果期以降に養分が効くようトレンチャーで掘った溝の部分にだけ堆肥を施用する「溝施肥」（92ページ参照）によって土壌条件を不均一にしている畑ほど強みが発揮される。

空前の猛暑・干ばつ年も乗り切った

二〇一〇年は空前の猛暑・干ばつの夏だった。しかし、福島県西会津町の砂地の大型ハウスに初めて無灌水栽培したミニトマトは、まったくしおれることもなく、順調に着果・収穫できた。ハウスの中は歩くたびに砂埃がもうもうと立ちのぼるほどの超乾燥状態だったが、疎植多本仕立てのミニトマトに影響はなかった。

同じハウスの最も乾燥する中央畝に栽培したメロンでも、乾燥に強い香り専用品種「夏の思い出」はアブラムシがべっとりつき、いったんほとんど枯れたようになりながら、秋を迎えて再度成り始めた。アブラムシ抵抗性を持つ「アナウ114」は、カボチャに接ぎ木し自根も切らない「二本足」で栽培したところ、せっかく成ったメロンが乾燥のため収穫目前で駄目になり、あきらめていたが、九月に復活して再度収穫でき、糖度が二〇度になった。

いずれも側枝全伸栽培だったので、生き残った生長点が再度伸びて着果したものである。このように、側枝が生き残りの力を生み出すのである。

収量・品質が向上、寿命も長い

メロンでは一九七八～八四年、収量は試験区によってバラツキがあるものの、仕立て本数による差は全体としてほとんどなく、糖度などの品質は、疎植・多本仕立てになるほど向上する。トマトについても一九八九～九一年、試験区によるバラツキがあるものの、収量・品質とも、一本仕立てより花房直下側枝全伸栽培のほうが向上する。

トマトの栽植密度については、品種や播種期、土壌条件などによって違ってくるが、ポイントは、疎植することによって空いた場所を埋めるのにどのくらい時間がかかり、それが総収量にどう影響するかだろう。二〇一〇年、西会津でミニトマト「紅涙」を株間一二〇cmに定植した。初期は株間が広すぎるように見え、場所がもったいなく感じたが、八月になるとぎっしり茂り、収穫作業が大変になり、「もっと広く植えればよかった」と思うようになった。

株間が広ければ寿命も長く、遅くまでよい果実が採れるので、猪苗代町の一農家で実際行なわれている株間一八〇cmでも大丈夫だろう。この農家では五月下旬定植という、やや遅い作型で、私と同じく花房直下側枝全伸栽培でミニトマトを栽培している。九月になると非常に繁茂し、株間が広いことは株元を見ないとわからないほどになる。

トマトもメロンも灌水が省ける

私はトマトもメロンも無灌水で栽培している。これは灌水設備がない山間地の畑の活用法として非常に有利である。

一九九八年、前年に新規就農し、ミニトマトを栽培していたKさんは、花房直下側枝全伸栽培だった前年より収量を増やそうと、株間を狭めて二本仕立て栽培とした。しかし八月になり、中央畝はほぼ全部、両側の畝も半分以上の果実が尻腐れとなり、出荷できなかった。同じ年に近くで花房直下側枝全伸栽培した私のミニトマトには尻腐れはほとんど出なかったので、これは明らかに仕立て方法の違いによるものである。

なぜKさんのミニトマトが尻腐れになったのか。それは、Kさんが見学した二本仕立て栽培の農家は灌水していたのに、Kさんの畑は灌水できなかったからである。逆にいえば、花房直下側枝全伸栽培なら、灌水しなくても栽培できるということである。これは非常に大きな発見といえる。ミニトマトではないが、図1（18ページ参照）でも、一本仕立てでは尻腐れが若干多い傾向が認められるが、それ以外の整枝法では、灌水を行なっているため、大きな差は認められない。

つまり、無灌水では、カルシウムの吸収が困難になるが、側枝が多いと根の力が強まってカルシウムを吸収できるようになることと、各側枝の生長点や、各側枝に成っている幼果が、余分な窒素を吸収してくれることで、収穫が近い果実の中でのカルシウムと窒素のバランスがよくなったのだろう。

さらに追肥も整枝も摘果も省ける

【追肥】 私はいっさいやっていない。溝施肥する堆肥の中の肥料成分は、年間の必要量を上回っており、緩効性の窒素も含まれていて、株間が広く、トマトに肥料成分を吸収され尽くすのも遅いからである。実際、八月の暑さで花粉が不稔になるため、九月には成り休みが見られるが、追肥しなくても十月には収量が回復する。

一般に、追肥が必要なトマトの生育状態は、生長点が突出して上部の葉が小さく黄色を帯びてくるが、私のトマトではそのようになることがあまりない。むしろ追肥を行なうことによって雑草が伸び、病害虫を誘発し、過繁茂、糖度低下などのマイナスが大きいと考える。

【整枝】 トマトもメロンも立てる側枝の数が多くなるほど、そのほかの側枝の発生が少なくなり、整枝を行なう必要がなくなってくる。もちろん、立てる枝数を増やすなら、それに応じて株間も広げないと、過繁茂で着果も悪くなりがちになる。

【摘果】 整枝と同様に、立てる枝が増えるほど、同時に着果する枝一本当たりの果実は少なくなり、摘果の必要がなくなる。メロンでは着果数が少なすぎることにもなりがちで、その場合は大きすぎる果実になったり、遅れて着果する果実の品質が低下することもある（表4）。これには、着果しやすい品種などで対応するのが一番確実と思われる。

たとえば、「天恵」は大果になりやすく、株間を広げて仕立て本数を増やしても、着果数は三個程度にとどまり、

表4　メロンの4・6・8本仕立てで，つる密度を一定にした場合の収量・品質など（品種：プリム）

窒素施肥量	仕立て本数	収穫日（標準偏差）	着果部位	株当たり着果数	1果重(g)	ネット密度	ネット盛上り	糖度(BX)	果高/果径
無施肥	4	8.24（11）	12.9	11	828	4.27	4.09	13.8	1.04
	6	30（3）	12.9	13	638	4.00	4.23	13.7	1.01
	8	9.9（10）	12.3	14	758	4.43	4.29	13.8	1.06
8kg/10a	4	3（7）	10.8	9	974	4.89	4.56	15.4	1.01
	6	8（8）	12.5	14	898	4.79	4.36	14.4	1.04
	8	14（8）	14.5	13	935	4.69	4.69	14.3	1.03
16kg/10a	4	1（7）	12.0	11	760	3.70	3.90	13.1	1.04
	6	11（11）	12.8	11	856	4.73	4.00	11.0	1.05
	8	1（6）	13.4	17	805	4.47	4.65	13.5	1.07

代わりに各果実が三kg以上の大果となってしまう。また、「アールス東海H六〇」では、成熟するとエチレンの発生が多くなるためか、あとから成った果実も糖度がのらないうちにいっせいに成熟してしまい、最初の二〜三個しか売り物にならない。こうした品種は、多本仕立てには向いていないと思われる。

多本仕立てで良果多収のしくみ

シンクとソースから考えると……

畑にこぼれた種子から発芽したカボチャもトマトも、肥料もやっていないのに、栽培されたものよりはるかに広い面積に伸び広がり、多くの果実を成らせているのを見ることも多いと思う。整枝すればそれなりの面積の中におさまって成長するので、それが当たり前のように思われるかもしれないが、盆栽同様、その根も自然条件と比べ、狭い空間に押し込められた形になっている。

こぼれ種子から発芽した放任の野菜と、盆栽のように狭い空間におさまった野菜、その違いを考えるときに役立つのが「シンクとソース」という考え方である。シンク（sink）とは作物が光合成によって作り出した栄養分を蓄積するところ（たとえば果実や種子、根など）、ソースとは養分を生産し、シンクに送り込むところ（たとえば茎や葉など）である。

このシンクとソースのバランスをど

シンクとソースのバランス

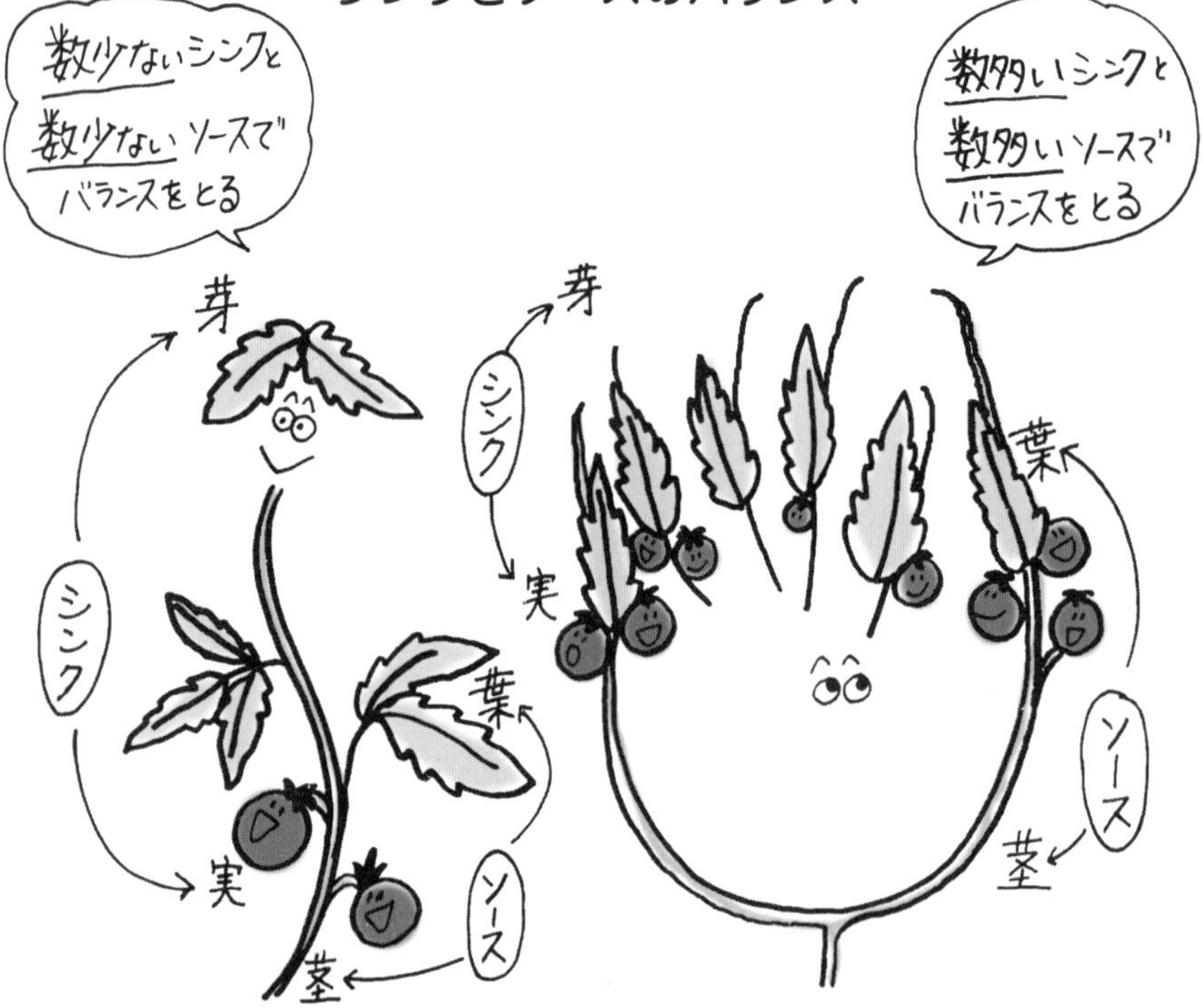

密植・1本仕立て
人為的な制御は容易だが，
環境変化に弱い

疎植・多本仕立て
人為的な制御は難しいが，
環境変化に強い

＊シンクとは養分が送り込まれるところで，ソースとは養分を生産し送り込むところ

うするかを、次に述べる、密植して一〜二本仕立てとするか、疎植にして多本仕立てとするか、の違いとなる。

■密植一〜二本仕立てのバランス■

一般的に、果菜類の整枝の第一の目的は、密植にして、一株一果（一房）しかない第一果を面積当たりたくさん収穫して、初期収量を上げることにある。密植では、整枝しなければすぐに過繁茂になり、病害虫の多発、早期の肥料切れなど多くの問題が発生する。

整枝の第二の目的は、品質を揃えることにある。すなわち、多くの側枝を活かすと、弱い側枝の果実は小さく、着果時期もバラバラになり、収穫時期が揃わず果実の大きさ、品質のバラツキも大きくなりやすい。これを防ぐため、側枝を立てるときも揃ったものを立てて、二本仕立て、三本仕立てなどとする。

トマトでは、一本仕立てにすると、各段の果実の成長～成熟～収穫にともない、突然シンクが減るため、ソースとなる茎葉に窒素をはじめとする養分がどっと供給され、次の段の果実の肥大とともに急に茎葉へ養分が回らなくなることを繰り返す。

メロンで一本仕立て一果着果でも、シンクである果実の肥大とともにソースである茎葉へ養分が回らなくなり、光合成が衰えるので追肥が必要となり、肥大が止まったあとは、追肥したその養分が余って茎葉へ回る。そのため、果実の成熟に必要なソースとして「遊びつる」を残したり、さらに養分が余る場合は「裏成り果」を残して養分を取り込まざるを得なくなる。そのような遊びつるや裏成り果で過繁茂や病害虫、果肉の繊維質化を防止する。

疎植多本仕立てのバランス

しかし、早期収量で関東に負ける東北地方では、総収量や品質で勝負するしかない。そのためにも疎植が望ましい。

また、果実の大きさや収穫時期を揃えることは、作業しやすく、出荷のときの規格分類も少なく、農家は助かるように見えるが、成長が揃うがゆえに気象条件により一挙に成らなくなったり、全部が裂果するといった同じ障害になる危険性がある。

これに対して、混んだ部分だけを止めたり間引いたりする私の整枝法では、成長のバラツキは大きくなるが、猛暑や長雨などの厳しい気象条件でも多くの葉が生き残り、着果数が多く、トマトもメロンも秋に復活するなど、生命力の強さを見せている。

果樹の剪定で「枝を伐ることは、根を切ること」という諺を聞いた人も多いと思う。根が成長するための光合成養分は、枝に茂る葉で生産されるから、葉面積が減れば当然根の伸びも抑えられる。それだけでなく、生長点で作られるオーキシンは、重力にしたがって根に運ばれ、その成長を促す。生長点の数が多いほど、オーキシンの量も多くなり、根の成長も盛んとなる。そして根が多いほど吸収する水分、無機養分が地上部に多く供給されるから、地上部の成長も盛んになる。

窒素は果実でなく、生長点へ

前述のKさんのミニトマトが二本仕立てで尻腐れになった原因は、根の活力が低下してカルシウムの吸収が不十分だったことに加えて、吸収した窒素の行き場が果実となったことも大きいと考えられる。

多本仕立てでは、生長点が多数あり、大きな枝にはいずれも多数の幼果が成っているため、窒素はこれらへ必要に応じて配分される。しかし一～二本仕立てでは、こうした生長点や幼果が少ないため、先に成った果実へ必要以上の窒素が流入してしまい、カルシウムに対して過剰となって細胞壁が弱体化、崩壊して尻腐れになったと思われる。

わかりやすくいえば、植物が伸びたいように伸びさせ、成りたいように成らせることが、一番健康な植物体を作り、その植物ができる最高の果実を与えてくれることになると考えられる。しかし、だからといって、株や枝同士がまったく競合しない状態が理想的というわけではない。トマト・メロンではないが、私が一九七八年に行なったオクラ栽植密度の試験を紹介する。

オクラ栽植密度の試験では……

光や養分で競合する二本立て

オクラは直立性で、あまり枝が広がらないため、整枝は行なわず、下葉かきを行なう程度である。この試験では株間を二〇、三〇、四〇cmの三通りとして、それぞれに一本立てと二本立ての区を設けた。

ただし、ここでいう二本立ては、一つのポットに二粒播き、二本とも苗を立てるので、キュウリやトマトの二本仕立てとは違う。むしろ正反対といえる。すなわち、二本立てでは二本の苗が光や養分を競争するのに対して、二本仕立ては光合成産物や無機養分を必要に応じて配分する協力関係にあるからだ。

結果は、面積当たりの苗数が多いほど多収となり、株間二〇cm二本立てが最多収量を上げたが、下葉かきの労力がかかり、曲がり果が多いなど問題も多かった。そこで、株間四〇cm二本立てと、株間二〇cm一本立てを比べると、面積当たりの本数は同じだが、次のような違いが現われた。

競合に勝った株が追い上げる

面積当たり株数の多いほうが初期収量は多いが、時間が経過するにつれ、株間が広いほうが大きく育ち、後半の収量は多くなる。ここで、四〇cm二本立てと二〇cm一本立ての違いを見ると、各株の生育の揃いは後者のほうがずっとよい。つまり二本立てでは株間競争が早くから始まり、いっぽうが敗れて、大きいほうの株がその場所の光や養分を独占する傾向が出てくるのだ。

このことは、後半の収量を見ると、むしろ四〇cm二本立てのほうが良好になる可能性を示している。四〇cm二本立てで三次側枝の発生が多いのは偶然ではなく、途中で敗退した相棒の占めていた空間へ、あとから伸びてきた枝だと考えられる。

面積当たりの初期収量は二〇cm一本立てのほうが若干多いが、総収量を見るとそれほど大きな差にならない。だとすれば、育苗労力などを考慮して四〇cm二本立ても十分ありうると考えられる。

■二本立てを基本に一本立ても

オクラはトマトなどより面積当たり本数を多く植える野菜であり、かつ移植ができない。ポットに直播きするため、発芽床から面積を多く要する。発芽にはその後の管理より若干高温を要するから、ポットの数が少ないほど、電熱育苗の電気代が節約され、ポットに詰める土やその手間も少ない。

しかし、一本立ての場合、発芽率が低いと、一粒播きでは無駄なポットが多く出てしまうし、二粒播きでは間引き（抜くのはよくないので地際で切る）しなければならない。そのことから考えると、基本を二本立てとし、一部は一本立て（一本のポットが多ければ交互に植えるなど）とするほうが楽ともいえる。

ちなみに、オクラは根が真下に伸びるので、下へ突き抜けないよう、ポットは底の穴が真ん中でなく、縁近くに小さい穴が三つ開いた「Yポット」がよい。Yポットが入手できないときは、底の穴を不織布でふさぐ。

また、同じポットに播種する二粒を、同じ品種ではなく、早生と晩生にして、収穫途中で早生を間引けばよいという考えも浮かぶ。しかし、オクラでは早生種は矮性、晩生種は高性で、同じポットに播種すれば早生種は日陰となり、早期収量も上がらないので実用的ではない。

■アスパラガスもスイートコーンも

アスパラガスでは、このことがいっそうはっきり現われる。栽植密度の試験を実施し、株間を三〇、三六、四二cmとして比較した。最初の年の収量は予想に反して、最も株間が広い四二cm区が圧倒的に多かった。ところが数年経過すると、むしろ株間が狭い三〇cm区が多収となっていく傾向が見られた。

これは、株間競争が植えた当年から現われて、光や無機養分を奪い合う結果、養分の蓄積が少ない、株間が近い区は生育が遅れ、太い茎を出すことができない。ところが数年経過すると、株間が近い区は株同士の競争が激化し、敗れた株は枯死しないまでも、極めて貧弱な生育となり、事実上競争からはじき出される。残ったのは強い、萌芽力の大きい株だから、弱い株もぬくぬくと生き続けられる株間が広い区よりも面積当たりの収量が多くなるわけだ。

また、スィートコーンでは、かつて分蘗《ぶんけつ》を除去していたが、現在は無除蘗が普通である。ただ、あまりに疎植すると、分蘗の頂点に両性花が着生し、これは売り物にならない。無駄なシンクとなるが、シンクがないと葉の中に澱粉が蓄積して光合成を妨げるといわれ、こうしたことを総合すると、疎植のメリットはあるものの、それにも限界があると思われる。

つまり、競争を単純に悪と考えず、圃場全体のことを考えて栽植密度を決めるべきだと考えられる。

溝施肥と野草帯でパワーアップ

天水を活かせば灌水は必要ない

ハウス栽培は雨水がかからないので、横浸透や地下水位が高い場合を除き、灌水は不可欠というのが常識である。しかし、私たちが住む福島県会津地方は冬季根雪となり、溶けたあともしばらくは土壌水分が多い状態が続く。

これを利用して、溝を掘り、保水力がある堆肥を投入、すぐ畝立てマルチかけ、ハウス被覆、その日のうちに若苗を定植する。土の表面が乾燥するとともに根も深く伸びて、夏になりハウスの土の表面が乾燥しても、根は水分が残る堆肥に届き、乾燥で枯れることはない。

したがって、定植後おおむね二週間以上たってから欠株が出た場合、補植しても、すでに土の表面は乾いていて、いくら灌水しても活着は困難である。欠株が出たら両側の枝を伸ばして空間を埋めるしかない。

ただし、ハウス中央が水分不足に

地下水位が低い畑では、ハウス外か

北朝鮮に飢餓をもたらした超密植

●茂っても実らないトウモロコシ

北朝鮮は毎年のように、洪水被害、干ばつ被害として飢餓が続いている。「韓国や中国東北部、ロシア沿海州など近隣では、不作はあっても飢餓になったという話は聞かないのに、なぜだろう?」と疑問に思う人も多いと思う。「軍事に金をかけ、農業を軽視しているのではないか?」と思う方も多いだろうが、実は農業政策の誤りが原因だ。

同国を訪問した人の話によると、「農村はどこへ行ってもトウモロコシ畑。山の上まで段々畑でトウモロコシが栽培されている。近寄って見ると、日本では考えられないほど密植してある」という。トウモロコシの葉の上に子供が乗って微笑んでいる写真もあった。

ところが収穫量は、まったく少ない。葉は茂るが、株同士の競争で、実にまで栄養が回らないのだ。また、しばしば起こる洪水災害は、山の上まで作られた段々畑が崩落して起こる。日本なら当然保安林として伐採さえ許されない斜面も段々畑になっているから、少しの大雨でも地滑りを起こすのだ。

●単調な緑一色の極めて異様な眺め

なぜ、このような馬鹿げた耕作が行なわれているのか。それは、農地が少ない北朝鮮で、反収を上げることと農地を増やすこと、そして食糧増産を目的に、こうした政策が打ち出され、これが指導者の神格化とともに不変の法律のようになって、改善など許されない雰囲気が作られたからである。航空写真で見ても、軍事境界線を境に、南側は日本の農村に似た風景が広がっているが、北側は、単調な緑一色と、所々にある池だけの、極めて異様な眺めである。

もし、疎植にして地形に応じた植生を残す努力をしていれば、今日のような飢餓や生活苦もなかっただろう。だが、もしそうだったとしても、指導者の言葉を絶対化し、批判が許されない体制は、必ず技術の進歩が停滞し、遅かれ早かれ崩壊する運命にあるのではないかと思わずにはいられない。

日本でも既存の技術を真っ向からひっくり返すような技術は、上の人からなかなか認められないし、そうした研究者は片隅に追いやられてしまう。特に、商業的に利用価値がない技術では……。技術開発できる人材、発想の豊かな人材を尊重し、自由に実験させ、結果を活かすことができる社会ほど、発展の可能性が高いと思われる。

●作物の内的能力を活かす研究を

農業分野では、自然農法など、この種の農法がたくさん存在するが、公的機関での研究は稀で、行なわれても、特定のカリスマ的人物の方法そのままか、逆に慣行農法を一部有機資材や天敵で代替するだけの「官製有機」にとどまる。植物本来の力と、地域の環境や資源を最大限活用する、本来の自然・有機農法からはかけ離れたやり方で行なわれるのが大部分だ。

私は、植物としての作物の持つ内的能力と、それを取り巻く環境(動植物、微生物、土壌、気象など)を活かし切るための技術として、すべての農法があるべきであり、農法間の違いは、環境条件や生産物に対する人間の目的の違いによる手段の違い、強調するところの違いにすぎないと考える。すべての研究者がそこを押さえて発想し、技術を組み立てていけば、日本の農業技術は飛躍的に発展するだろう。

溝施肥と野草帯でパワーアップ

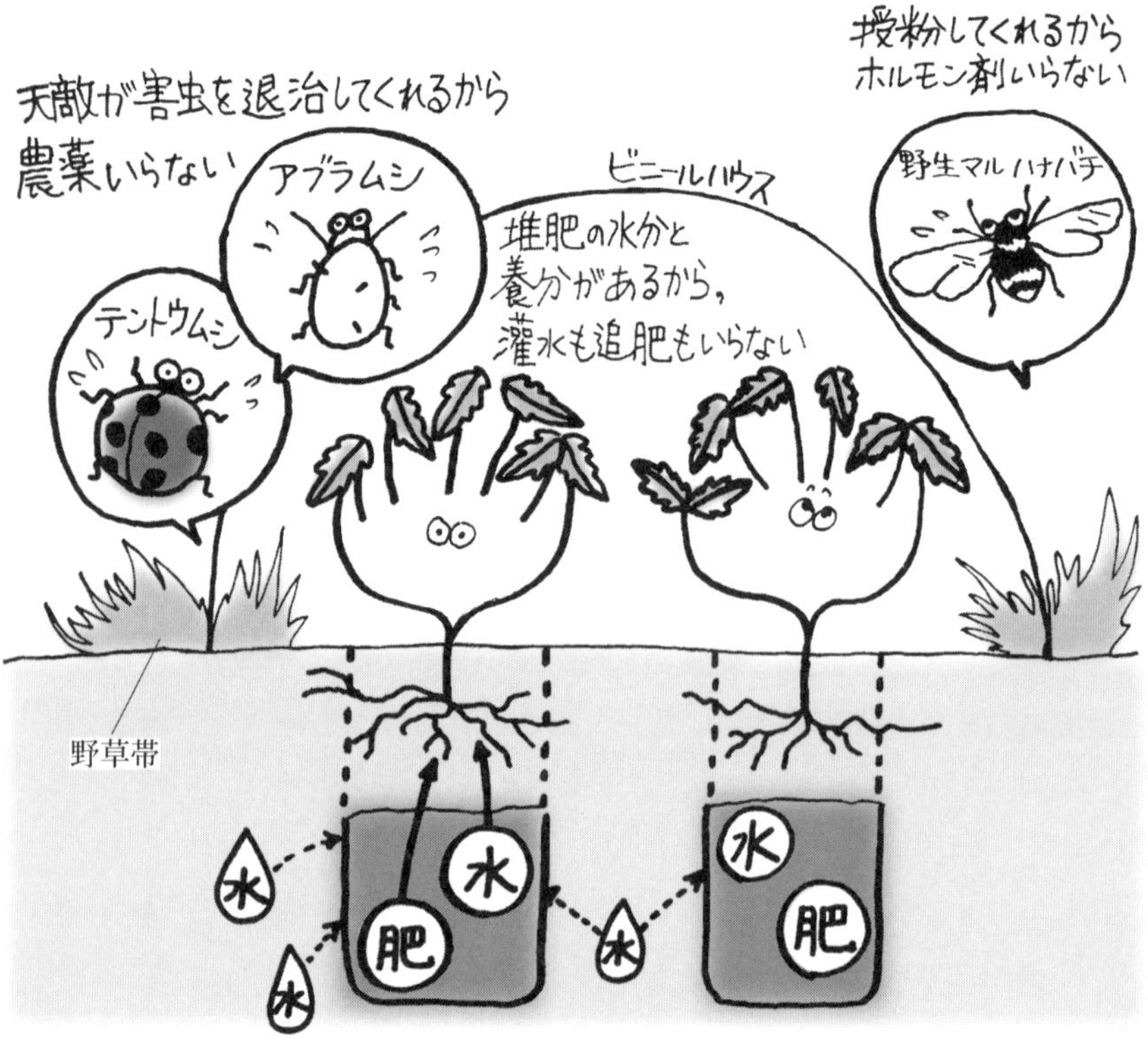

溝施肥

らの横浸透による水しか期待できない。そのため、ハウスの両側の畝は、ハウスの屋根から落ちた水が浸透するので、場所によってはかえって水が豊富となることもある。

しかし、内側の畝では通常ほとんど横浸透の水は期待できず、ミニトマトでは果実が非常に小さくなってしまうことになる。これはメロンでも同じで、水分の横浸透による生育の影響を調べたものが表5（32ページ）である。どの台木でも、土壌水分の多い外側の果実は大果で糖度が低くなっていることがわかる。

この場合、果実が大きくなり、かつ草勢が強く着果が多い品種を中畝専用に使うと、両側の畝に作るより果実が引き締まって硬くなり、ちょうどよい大きさになって好都合である。露地栽培でも、干ばつ時は同様の効果がある。

堆肥のジワジワ肥効で追肥も不要

全層施肥の一本仕立てでは、いくら緩効性肥料を使っても、追肥は不可欠で、メロンなら肥大最盛期、トマトなら第三花房肥大期頃に行なうのが普通である。いっぽう、溝施肥を行なえば、根が堆肥の層に届く頃に果実肥大期に入るため、それほど過繁茂にはならない。ただし、一本仕立てや二本仕立てでは、株間が近いために、葉が重なり、株同士の競合が起こる。

追肥そのもののマイナス面は、トマトで茎が急に太くなり、乱形果が発生する。メロンで生長点が軟弱になり、病害虫がつきやすくなる。作物が必要なときに必要な量だけ吸収するようにするには、やはり堆肥の溝施肥が一番のように思う。

窒素がほどよく効くような堆肥で

溝に施用する堆肥だが、堆肥なら何でもよいわけではない。豚糞のような窒素含量が多いものを大量に施せば、過繁茂、病害虫多発、品質低下などの問題が当然起こるし、稲藁など窒素が少なすぎるものであれば、分解に際して窒素飢餓で急性萎凋症状を引き起こして枯れてしまうこともある。

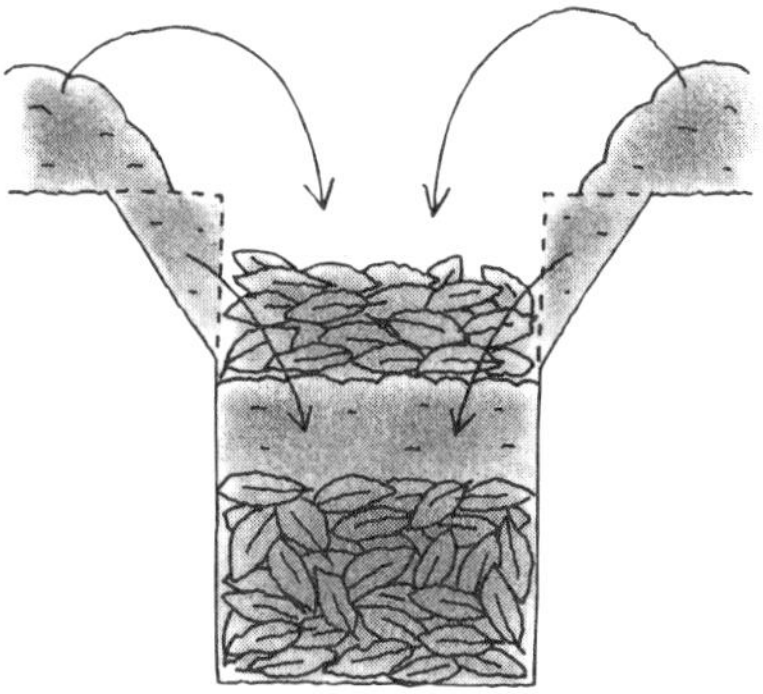

図３　落ち葉堆肥の溝施肥

２段重ねにすると，途中でベッドが沈まなくてよい

私は、メロンで桜の落ち葉主体の堆肥を溝施用している（図３）。これにより、つる枯れ病、うどんこ病、アブラムシの発生がかなり抑えられ、特にうどんこ病抑制の効果は高い。これは、桜の葉に含まれるクマリンの効果と考えられる。クマリンは、クルマバソウ、トンカマメ、桜、コウボウなどの植物に含まれる、芳香と殺菌作用を持つ物質で、１、２―ベンゾピロンともいう。桜餅では、香料と、餅にカビが生えるのを防ぐ働きも兼ねて使われている。

ハウス際に幅一・五mの野草帯を

ハウスのパイプ際などには、パイプの外側と内側と合わせて幅一・五m程度の「野草帯」を設けている（図4）。

その場所にもともと生えていた野草のうち、まず、つる草はパイプや作物に登って日陰にするので除去。イネ科植物も土壌表面から養分を奪い、草刈りでも生長点が残って再生しやすいため除去。オオイヌノフグリ、イヌガラシ、イチビなど、ワタアブラムシが好む雑草も除去。

残るのは、匍匐性のカキドオシなどと、背が高くなる多年草のヨモギ、ヨメナ、ワラビなど。同じく一年草のアカザ、ヒユなど。これらは伸びすぎたら折ったり踏みつけたりし、土壌浸食防止、天敵や花粉媒介昆虫の住処、有害雑草の抑制などに使う。ワラビやヒユは、収穫して出荷販売もしている。

特に土壌浸食防止の効果は高く、傾斜地にある私の畑では野草帯がなければ、せっかく肥沃になった土がどんどん流され、土壌と生態系の改良が進まないことになってしまうだろう。

土着天敵を呼び寄せ、農薬も不要

ヨモギ、ヨメナなどには、キク科にしかつかないアオヒメヒゲナガアブラムシが春に大発生する。このアブラムシを食べるためにテントウムシなどの天敵がたくさん集まり、作物につくアブラムシも食べてくれる。また、小鳥がすみ着いて、野草につく各種の虫を食べ、メロンのウリキンウワバやウリノメイガ、トマトのオオタバコガなど

大果になるが糖度が低い（1983）

5点法による		糖度（BX）	果高／果径
ネット密度	ネット盛上り		
4.74	4.17	13.1	1.13
4.07	3.76	15.2	1.11
4.52	4.13	15.3	1.09
3.88	3.73	13.5	1.08
4.40	3.76	12.4	1.02
4.30	3.65	14.9	1.03
4.40	3.76	15.2	0.99
3.24	3.20	12.1	1.00
4.74	4.58	14.0	1.01
4.64	3.91	15.5	1.02
4.60	4.50	15.3	1.06
3.20	2.90	14.5	0.94
4.83	4.58	14.8	1.01
4.40	4.00	15.5	1.02
5.00	4.62	15.2	1.09
4.45	4.45	17.2	0.96
4.70	4.80	13.2	0.94
4.26	4.42	15.2	1.03

図４　ハウス際の野草帯

左がハウス内，右がハウス外（草刈り中）

表５　ハウスの外側の畝のメロンは

台木	仕立て本数	位置	穂木	平均収穫日	株当たり着果数	1果重(g)
白根	2	外	真珠100	9.30	1.9	2,051
		内	東宝	10. 2	2.4	1,300
園研2号	2	内	真珠100	10. 1	2.3	1,638
		外	東宝	10. 1	2.2	1,951
新土佐1号	6	外	真珠100	10.10	6.3	2,411
		内	東宝	10. 4	5.8	1,742
剛力	6	内	真珠100	10. 5	6.3	2,064
		外	東宝	10. 9	6.0	1,989
かんとう	6	外	真珠100	10.18	5.7	1,810
		内	東宝	10. 8	6.0	1,565
べんけい	6	内	真珠100	10.20	3.3	1,562
		外	東宝	10.10	6.7	1,889
ポンキン	6	外	真珠100	9.28	4.0	1,574
		内	東宝	10. 2	2.5	1,432
ライオン冬瓜	3	外	真珠100	10.11	2.5	2,439
		内	東宝	10.22	2.7	1,170
長冬瓜	3	外	真珠100	10.21	4.3	2,306
		内	東宝	10. 8	2.7	1,486
大冬瓜	3	つる割れ病多発のため省略				

大型の害虫を退治してくれる。小鳥にとってもハウス内はタカが入ってこない「聖域」である。

一般にトマトの害虫として最も被害が大きいコナジラミは、冬季根雪があって越冬できず、メロンの害虫として被害が最大のワタアブラムシは「アナウ114」という抵抗性品種で防ぐ。こうした要因も加わり害虫被害はほとんどない。

ただ、有機栽培に転換して一～二年目の畑では、野草帯があってもアブラムシが防ぎきれないことがある。これはまだ生態系が確立していないため、天敵が十分に増えないうちにアブラムシの増殖が進んだためと考えられる。

私の経験では、トマトでは二作目でチューリップヒゲナガアブラムシの被害にあったし、メロンでは、アスパラガス残茎堆肥を使ったときに、野草帯があってもワタアブラムシが大発生して全滅したこともあった。こうしたことから、開拓一年目はメロンより病害虫が少ないミニトマトが安全である。

混植のメリット、デメリット

●病害虫対策、日当たり改善

混植には、異なる作物の混植と、作物と非作物の混植、それに同じ作物の異なる品種や台木の混植があり、次のような目的がある。

【病害虫防止】

・カンピョウの間にネギを植えて、フザリウム菌による病害を予防する。

・ムギの間にタバコを植えて、アブラムシ飛来防止や風除けをはかる。

・ダイコンの間にマリーゴールドを植えて、ネグサレセンチュウを予防する。

・宮城県で実施している方法だが、イネのササニシキで、いもち病耐病性の異なる二系統を混植することにより、同一レースいもち病の蔓延を防止する。この考え方は、他のいろいろな作物で品種の交互植えを行なうことと共通している。

【受光態勢改善】

・インゲンとトウモロコシを交互に植えて、インゲンはトウモロコシに窒素を供給し、トウモロコシはインゲンの支柱となる。アメリカンインディアンが行なってきた栽培方法だが、この問題点は、トウモロコシが収穫を終えて枯死したあと、倒伏してインゲンも倒れてしまうこと。

・イネの倒伏を減らす方法として、背丈の異なる品種の混植がある。ランダムに混合する方法もあるが、そうすると背の低い品種は負けてしまうので、背の高い品種一列、低い品種三列のように植えるとよいと思われる。もちろん両者の熟期を揃える必要はあるが。

【間引き・間伐】

・キュウリで、自根とカボチャ台木に接ぎ木した株を交互に植えて、つる割れ病発生により自根を間引いた形にして、後半の混み合いを防ぐ。

・イスラエルのビワ栽培では、高性台木に接ぎ木した株の周囲に早生の矮性台木に接ぎ木した株を配置し、高性台木の株が十分に育ったら矮性台木に接ぎ木した株を切り倒す。

・私の小学校か中学校の国語の教科書に載っていた内容だが、デンマークでバルト海からの冷たい北風から住宅地や農地を守るための防風林に松を植えるとき、最初は間にモミの木を植えて松の苗を風から守り、松がある程度育ったらモミの木を切り倒す。

●収穫時の手間・邪魔になる

混植の利点としては、ササニシキの例でわかるように、同一の病害に侵されない株が半数入っていることで群落としては被害が少なくなり、罹病性で枯れた株の場所へ抵抗性の株の枝が伸びるため後半混み合わず疎植のよい点が出ること。また、インゲンとトウモロコシのように相互に補完的役割を果たす組み合わせも多い。

問題点としては、たとえば品種の混植を行なったとき、収穫物の選別に手間がかかることがある。キュウリの節成品種と枝成品種を交互に植えて、初期は節成で、後期は節成を間引いて枝成で、収穫期間延長と収量増をはかることができるが、最盛期に、節成は果色が薄くなり、出荷で分ける必要が出てくる（個人向けなら分けなくてもよいが）と、どちらかわからない果実も出てくるので面倒になる。

ミニトマトで昨年実際にあったのだが、桃色系品種は淡い色で収穫しないと裂果するし、赤色系品種は真っ赤にならないと甘味がのらないので、収穫のときに「二重基準」が必要になり、見分けに時間がかかる。黄色品種と橙色品種についても同様のことがいえる。

別の問題点としては、異種作物の混植では、いっぽうが他方の収穫の邪魔になるとか、通風を妨げるなど物理的な障害物となることがある。しかし多くの場合、これは大きな問題ではない。

ほかに、法律的な制約がある。つまり、何らかの資金補助の対象であったり、減反のような作付け制限がある品目であったりすると、面積を混植しない場合の何割として提出してよいかわからない。これが、「中抜き減反」が認められなくなった理由でもある。

山間地でこそふさわしい栽培法

暑すぎない、湛水しない傾斜地で

ハウス栽培では、しばしば傾斜地が利用され、静岡の「石垣イチゴ」や、山形のブドウ促成栽培などが有名である。これらは多く南～南東斜面に作られ、保温効果をねらったものである。いっぽう、私の畑はだいたい北斜面が多く、西に森があって午後の暑い日差しを遮ってくれるところもある。夏の雨よけハウスは、むしろ暑すぎないこうした立地が適しているようである（図5）。

傾斜地で等高線に直角のハウスは、熱が高いほうへ流れるので、最上部に広く換気口をとれば熱はかなり逃がすことができる。等高線に沿ったハウスは、サイドが寒冷紗なので、昼に谷風が吹いてハウス内部の熱が山側へ逃げていく。

傾斜地のため、大雨が降った際に、ハウスの中の一部が川のよ

図5　山に囲まれた私の雨よけハウス

図6　乾燥を防ぐため，台木のカボチャのつるはハウスの外に出し，不定根を下ろさせて水を吸わせる

多本仕立て・溝施肥は多すぎる水が苦手

たくさん必要でしょ？
灌水栽培は
茎葉が繁茂しすぎて
着果が悪く、
病気も発生しやすい
やめて〜
地下水位が高く
排水の悪いところは
溝の堆肥が腐って
根を傷める
地下水

うになって水が流れることはあるが、湛水の被害はまったくない。干ばつに対しては溝施肥と多本仕立て、さらにメロンではカボチャ台葉をハウスの外へ這い出させて不定根を下ろさせ、ハウス外の水を吸わせるようにしている（図6）。

過疎化で増える遊休農地も活きる

遊休農地は、交通不便、灌水設備がない、地力がない、傾斜がきつい（特に北斜面）、獣害が多い、など条件が不利なところから増えてゆく。ところが、私の栽培方法は灌水設備不要、生の牛糞でも溝施肥で無害化、傾斜のあるほうが溝施肥に適し、獣害は防獣篭などで予防できる（図7）ため、こうした条件不利地でもさほど問題なく作れる。

図７　メロンを獣害から守る防獣篭

そして、こうした条件不利地ほど安いので、都会から新規就農を目指す若い人でも、独立できるほどの農地が容易に入手できる。私の栽培は、多本仕立て、野草帯など、従来の常識から離れた技術が多いため、既成概念を持たない新規参入者のほうが多く成功する。

むしろ平坦地の場合、地下水位が高かったり、排水が困難な畑では、大雨が降ると湛水の被害が避けられない。一九九五年、数十年ぶりという豪雨が降った際、北九州から入植して二年目のOさん夫妻が栽培したトマト畑が一週間湛水し、全滅してしまった。収穫が始まったばかりだったため、借金だけが残り、転出せざるを得なかった。もしOさんの畑が傾斜地であったら、土質にかかわりなく、湛水しないため、こうしたことは起こらなかっただろう。

耕作放棄農地を増やす農用地開発

●日本一になった三つの原因

福島県は日本一耕作放棄農地が多い。この原因は大別して、次の三つになるのではないか。

①福島県は昔から、養蚕、葉たばこ、こんにゃくなどの工芸作物が多く、これらが海外から安く輸入されるにつれ採算割れとなり、耕作面積が激減し、代わりの作物も見いだせなかった。

②福島県は面積は広いが、海岸沿いに平地が少なく、内陸にも広い盆地や台地が少ない。農地は沢沿いなどに発達し、交通不便なところが多く、過疎化・高齢化にともない次々に放棄されていった。実際、私が住む喜多方市山都町洲谷地区には、沢沿いにかなり上流まで水田があったが、近年はほとんどが放棄されている。

③福島県では、多くの国営パイロット事業として大規模な農用地開発が行なわれ、県営なども含めると戦後三〇年余の間に非常に広い農用地が森林原野に造成された。しかし、その多くが気象的、土壌的、あるいは連作障害などの要因で放棄されている。

●農用地開発が失敗した原因

さらに③について検討したい。農用地開発に失敗した原因は、大別すると次のようになる。

＊強粘質土壌や石が多いなどのため栽培に適さない農地ができたこと。たとえば北塩原村檜原地区には、「根子石」という地名があり、「お花畑」になっていた。ここを開発して農地にしたが、地名の通り石ばかり出てきて作物を作ることができなかった。もともとお花畑はこうした石などのために林になれなかった土地であり、事前に調べれば開発することはなかったはずだ。また、扇状地である雄国開発パイロット事業では、扇状地の上部ほど大きな石が堆積していて、大変な苦労をして石を取り除くと、畑の地盤が低下して水が集まり浸食を受ける土地も多く出た。

＊工事期間が延びて、農家が代替わりし兼業化して、家から遠い畑を耕作できなくなったこと。また、先に完成した畑を地権者に公平に分けるための仮換地で、うなぎの寝床のような細長い農地を与えられても、土づくりをせず「荒らし作り」で土壌病害が広まったりしたこと。

＊簡単に栽培でき、比較的高価な夏ダイコンを栽培した高冷地では、連作障害による萎黄病が多発してダイコンが栽培できなくなった。ほかにもレタス、紅花インゲンなどが栽培され、夏出しイチゴなど新しい取り組みもあったが、獣害などのため、なかなか永続しない。

＊気象の変化による障害で産地が形成できない。福島市の吾妻開発パイロットでは、大規模に林を切り開いた結果、北西の強風が吹きつけて野菜が育たなくなってしまった。

＊土壌が重機の踏圧により耕盤ができて排水が悪くなり、野菜の根がよく張れなくなったところも多い。

表土処理が不十分で、深層の強粘土が表面に出て、トラクターで耕耘すると硬い団子ができ、植付けに適さず、せっかく植えた苗が枯死してしまうことが多かった。

＊農道や、作業小屋など建造物も、公的基準で作らねばならなかったことから、普通の農道や建物と比較して非常に高価になり、受け取った農家の支払額が増加した。

＊作る予定だった作物や畜産が、自由化の影響などで大幅に価格が下がり、加工食品の場合は会社が撤退や倒産などして、予定した収入が得られなかった。

＊農地を販売または貸し出しする場合も、開発にかかった経費が上乗せされ、長期債務となり、周辺の農地と比較して非常に高価となり、誰も買い手、借り手がいない。

●活用次第で地域の宝になる

こうしたいろいろな要因が重なって、これらの農地は耕作放棄されていったと考えられる。ではどうすればこれを解消できるだろうか。

まず、新たな農用地開発はもう必要ない。これだけ耕作放棄農地が増えてしまったのだから。だが、もし開発するとすれば、保全林を、従来は急傾斜地にしか残さなかったのを、防風や水蝕防止、天敵保護などの観点から、大幅に増やして開発農地の間に散在させることが必要だ。したがって、現在耕作放棄されている農地の一部も、地権者の了解を得たうえで、こうした自然復元林とすることは十分考えられる。

また、農地として活用できる耕作放棄地は、利用計画を立てて、耕作希望者に安く貸し出す制度が望まれる。具体的には、私がやってきた「結」方式による研修的小作農地とするのが一番よいと思う。

つまり、近くの空家を住居として一般参加者を募集、技術指導者をつけ、農地を参加者に割り当てて、農業機械や育苗施設などは共同利用し、生産物は生産者のものとして、生産技術や販売技術を学び、地域に溶け込ませて、よりよい家や農地が見つかった者は独立し、空いた家や部屋、農地は新規に参加する者が受け継ぐようにすれば、少数の家や、それほど広くない農地でも、数年後には多くの農業後継者を受け入れる窓口になる。

その中で、女子寮があると親も安心するので、大きめの空家は女子寮に使うとよいだろう。また、世帯用住宅や単身用住宅は、家賃をあまり安くすると流動化が進まないので、周辺の空家よりはやや高めに家賃を設定するとよい。また空家が多くあれば、一つは「溜まり場」的な家として共同使用すると、いろいろな企画が生まれ、農村と都市の交流の場となって新たな定住者も生まれるだろう。

こう考えると、空家や遊休農地は、決してお荷物ではなく、活用次第で地域の宝となり、人口が再び増えるきっかけになることがわかる。

第2章
トマトの多本仕立て

一〜二本仕立てとの違い

一本仕立て一辺倒の時代は終わった

トマトの整枝法は、露地の有支柱栽培もハウス栽培も、一本仕立て（ミニトマトは二本仕立て）が主流だった。長期間の栽培となるハウストマトでは、一本仕立てで、段位が上昇するにつれて「つる下ろし」、つまり株元で古い茎にとぐろを巻かせるか、茎を斜めに誘引する方法がとられていた。側枝の利用は二本仕立てのときの第一花房直下側枝に限られ、同様のつる下ろし作業が行なわれていた。

しかし、千葉県で開発された「連続二段摘心」をきっかけに、全国でいろいろな仕立て方法が研究されてきている（もともと、加工トマト栽培では心止まり系品種を用い、無支柱栽培が普通である。かつては「マスター二号」という、有支柱加工用品種も使われていた。ついでながら、この品種は丈夫で作りやすく、多収で、素直な味で食べやすく、今でも生食用として有機栽培農家に人気がある）。

超大果から極小果までバラつくが……

仕立て本数が増えると、第一花房のときには多くの側枝からの光合成養分が集中するため着果数が多く、一果重が増える。そのため、大玉トマトでは押し合って変形になり、第一花房では五〇〇g以上の超大果が多くなり、既存のトマトの箱に入らないなどの問題が起こる。

また、花房直下側枝全伸栽培のようにずっと側枝を出し続ける栽培では、上位の枝ほど着果数が増え、一果重が小さくなる。八〇g未満の極小果が増えるなど、箱に一段詰めしただけでは規定の四kgよりずっと軽くなり、しかもkg単価も安いので不経済ということになる。さらに、ホルモン処理をする場合は花房を探して背伸びしたりしゃがんだりと忙しく、能率が悪いこともある。

しかし今は、マルハナバチの利用でホルモン処理は不要となり、ミニトマトでは大きさによる価格差が小さい。そのため、つる下ろしの労力がかからず、管理が容易であることから、花房直下側枝全伸のような、トマトの持つ

株間3倍で育苗の低コスト省力

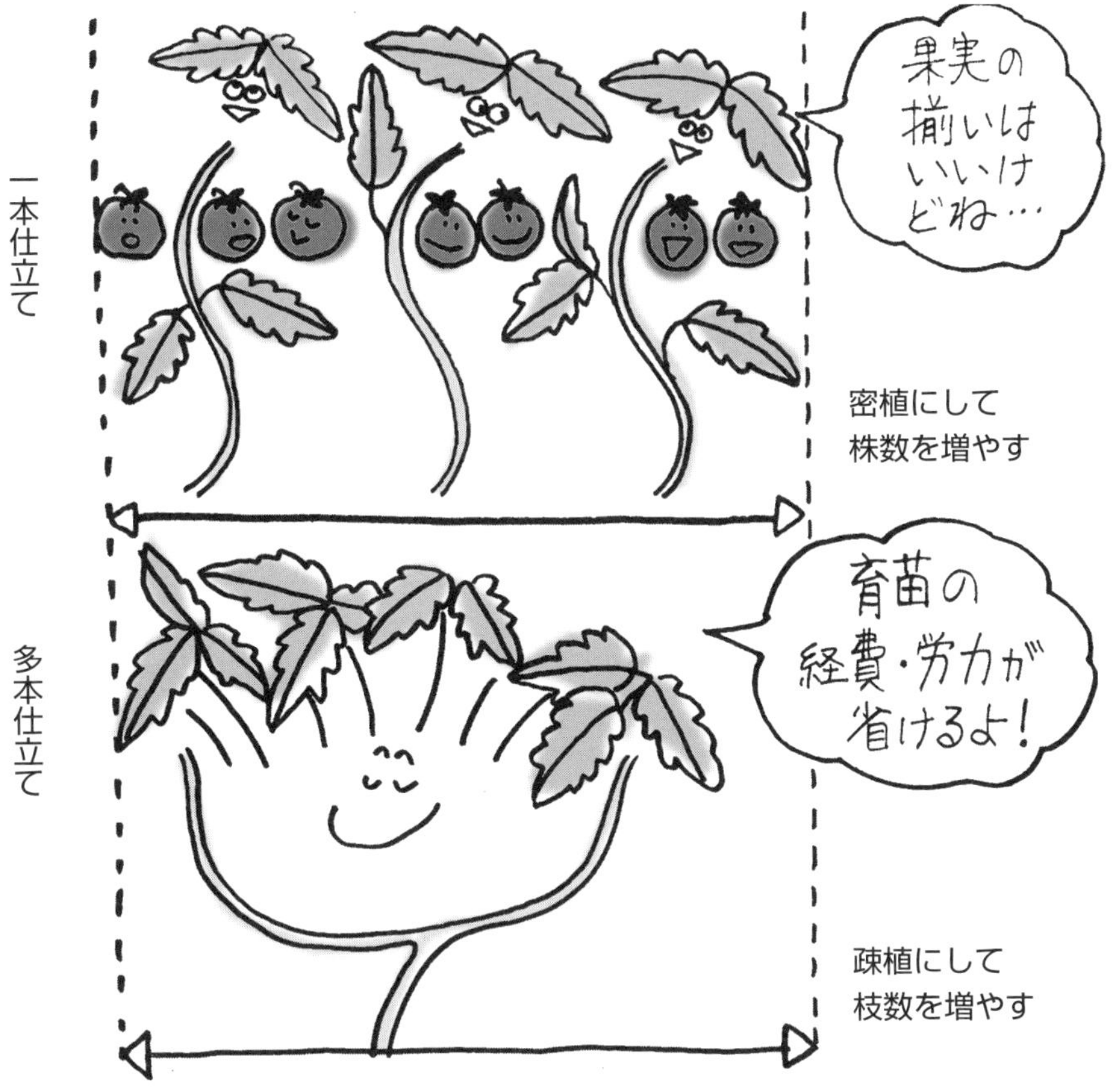
一本仕立て
果実の揃いはいいけどね…
密植にして株数を増やす
多本仕立て
育苗の経費・労力が省けるよ！
疎植にして枝数を増やす

力を活かす栽培がむしろ有利であると考える。

伸びがよい花房直下の側枝を活かす

「側枝を多数立てると主枝の生育を抑える」と思われるかもしれないが、実際には初期から主枝の生育はかえってよくなる（図8）。これは、一本仕立てよりも株全体の光合成量が多く、根への同化養分も多く送られ、株全体の生育を促進するためである。しかし、すべての側枝を同じように伸ばせばいいというわけでない。枝が混み合うなどの弊害が現われる。

　トマトの成長は「仮軸型成長」といい、生長点が花房となって止まると、そのすぐ下の側枝が主枝となって成長する、というものである（心止まり系の加工用トマトはこうならない）。

そのため、花房直下の側枝は主枝の次に多く成長ホルモンが与えられて、その下にある側枝より最初から大きく育ち、生産力も大きくなる。私の花房直下側枝全伸栽培は、このようなトマトの生理に基づいている。

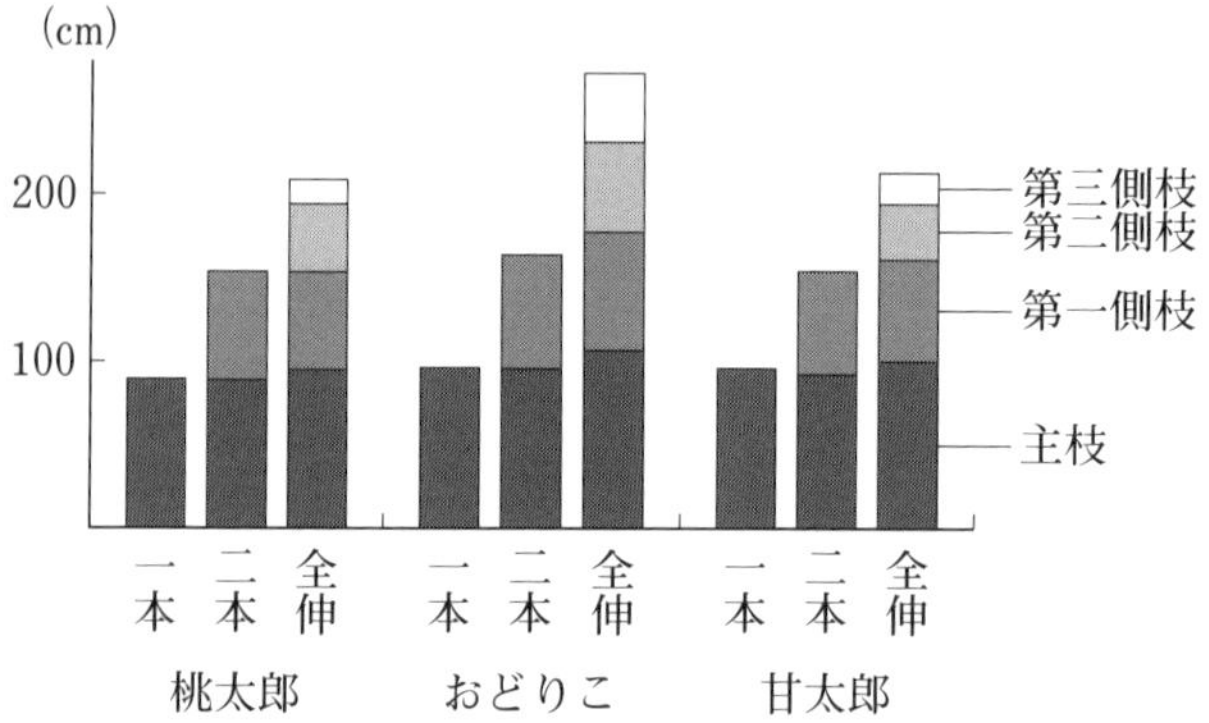

図８　トマト仕立て本数と定植46日後の生育（1990）

花房直下以外の側枝を伸ばすことも

花房直下の側枝に対して、株元から最初に出る側枝は、初めこそ第一花房直下側枝よりもずっと大きいが、株がごく小さいときにできたため、悲しいかな、付け根の直径が小さくて養分の通過に手間取り、最終的な収量は多くを期待できない。

しかし、花房直下以外の側枝はすべて元から摘除すべきかについては検討の余地が大きい。これは、特に「オレンジパルシェ」のように葉が細く節間が長い品種では空間が大きく、葉面積が空間に対して不足する。また「紅涙」のように、そうでない品種でも、花の位置が上がって、ハウス内の高い位置にきて、高温で不稔、裂果、へた枯れなどの障害が多くなったときに、下のほうに着果した果実は無傷であることが多いためである。

これについては57ページの「花房直下以外の側枝も残す応用編」で詳述する。

株数が三分の一、苗代も手間も減る

仕立て本数を増やすからには、株間を広げなければならない。もちろん、あとから立てた枝は伸びも遅れるから、仕立て本数に比例して広げる必要はない。しかし、花房直下側枝全伸では、株間九〇～一八〇cmで、標準的な一本仕立ての三～六倍、二本仕立ての二～三倍となる。幅五・四mハウスでは、条数も標準的な五条に対して三条植えとなる。

また、若苗定植するので、育苗期間

が三月播種で四〇日、四月播種で三〇日程度と通常より大幅に短く、この間の保温や灌水などに要する経費と労力が大幅に節減される。さらに若苗定植の特性として、花房直下より下からも枝が多数出るが、これらを一節残して摘心し、挿芽して、七月上旬定植の遅い作型に使うことができるため、育苗労力と経費は大幅に節減される。

私は踏床として、桜の落ち葉と米ヌカを混ぜて発酵・発熱させた床土を苗に使っているが、たびたびかき混ぜないと熱が下がってしまう。育苗期間が短いということは、この労力も削減できることになる。そしてこの踏床は、育苗が終わったあとに、その場でインゲンやキュウリを栽培でき、さらに翌年のトマトの床土として大変よい結果が出ている。まさに同じ桜の落ち葉を三回利用できるわけである。

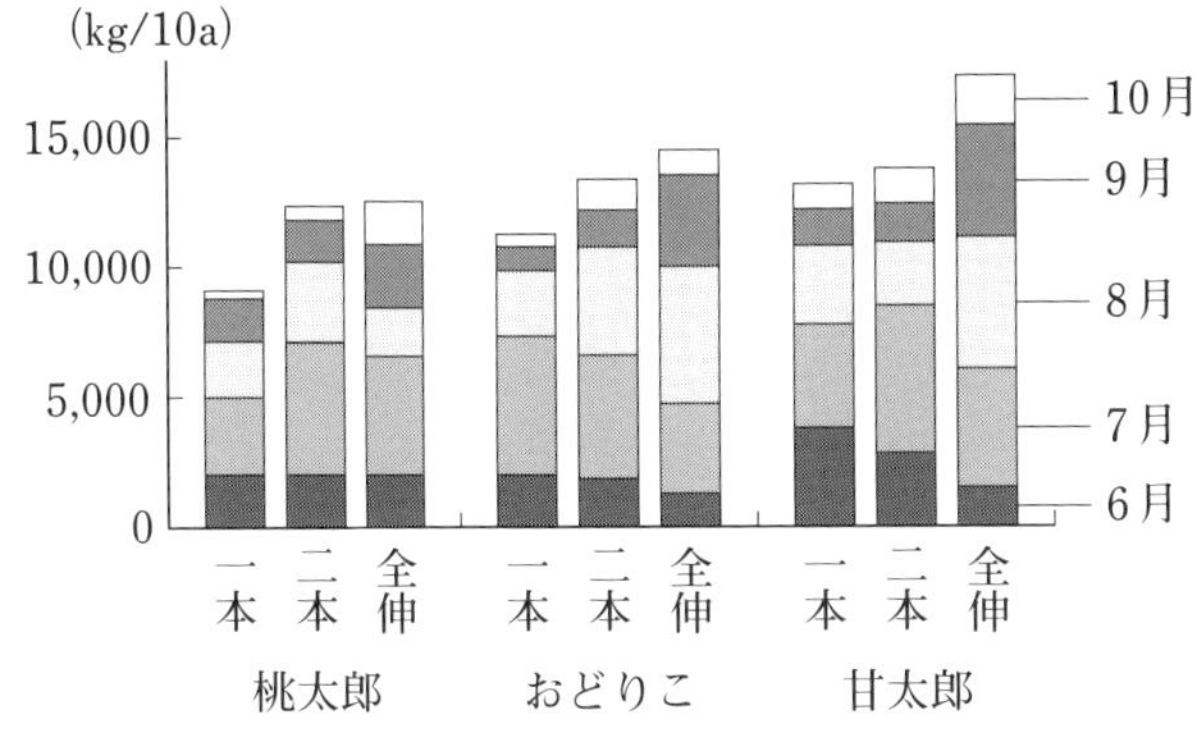

図９　トマト仕立て本数と時期別収量（1990）

樹が衰えず、十月に再び収穫盛り

通常の一本仕立てでは、たいがい「つる下ろし」作業により、養分が続く限りは、寒さがくるまで収穫が続けられるはずである。しかし、多くは株が弱り、特にミニトマトではネット誘引するなど過繁茂防止対策を講じるのが難しく、長期間収穫を続けるのが困難であった。

これに対して側枝を利用する栽培では、ハウスの天井に届きそうになれば、心止めしたり茎を吊り下げて若い側枝の発生を促す。若い側枝に着果することになり、一本仕立てよりへた枯れや裂果が起こりにくくなる。

八月の暑さで九月中旬に一時収穫が減少するが、十月になるとこうした側枝にぞくぞく着果して、再び収穫盛りを迎える（図9）。この時期は例年トマトが高値で、有利に販売できる。

ただし、果実は小型化するので、挿芽苗を植えたハウスがあるとよい。こちらは花房直下以外の側枝も全部立てて作るので、第一・第二花房の果実は

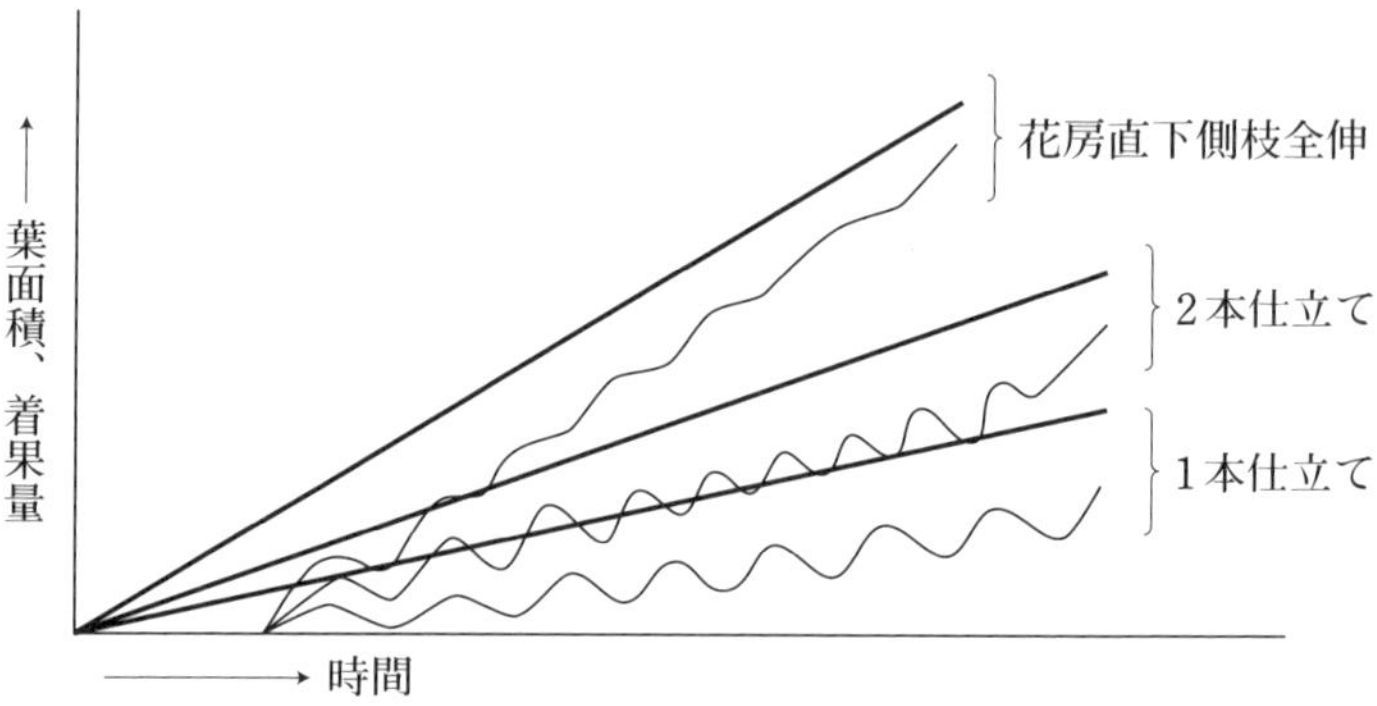

図10　トマトの整枝法と葉面積（太線）と着果量（細線）の変化のイメージ

多くの側枝からの光合成養分を受けて、大きな果実が収穫でき、さらに有利である。

大きく切れ込んだ小さな葉が活躍

多本仕立ては葉がかなり小さく、切れ込みが大きくなり、一本一本の茎は非常に細くなるが、当然のことながら株元は非常に太くなり、根量が多くなる。こうした力が残っているのも、疎植多本仕立てと溝施肥の特性といえる。

図10に示したのが、仕立て方の違いによる葉面積と着果量の変化をイメージしたものである。初期は株間が広いため、どの株も日当たりがよいが、八月になると、地表は一本仕立てと同じく、全面遮蔽される。

多本仕立てはおのおの葉が小さく切れ込みが大きいため、下のほうの葉の日当たりはそれほど悪くならない。秋になると、古い葉が枯れて縮まるため、新たな葉が出ても、下葉（というより下から出た新たな側枝）への日当たりはある程度確保される。

尻腐れが防げるしくみ

根の張りがよく、深く、養分を吸収

葉は光合成によって稼ぎ出した養分を、シンクである果実や根、生長点などへ送り込む。その葉が少なくなれば、光合成養分も減少して、根を育てることができなくなる。結果的に、地上部に見合った根ができるわけである。前述の通り果樹の剪定で「枝を伐ることは、根を切ること」と同じ原理である。

株間が広ければ、そこへ枝を伸ばすことにより、多くの光合成ができ、根も発達して、より深く、より広く育つ。そして深いところや、株元から離れたところにある養分も吸収できるようになる。また、単に分布の広がりだけでなく、吸収する力も強くなるため、カルシウム（Ca^{++}）のような二価イオンも多く吸収できるようになる。これが尻腐れを防ぐ第一の要因である。

さらに、多くの側枝やそれに着果する幼果がそれぞれシンクとなって動きやすい窒素成分を引き寄せ、先に着果した果実への窒素の流入を少なくしてくれる。これが尻腐れを防ぐ第二の要因となる。側枝を立てると、この二つの力が合わさって尻腐れを防止する。

尻腐れは果実の石灰へ窒素で起こる

前述のKさん（21ページ参照）が、前年の花房直下側枝全伸栽培から二本仕立てに変えて尻腐れを多発させたのは、先輩農家がやっている二本仕立てをそのまま真似をして、「（自分の）山間地では水がかけられない」という重大な違いを認識していなかったからである。水がかけられないということは、土壌中の石灰が、乾燥のため、ほとんど水に溶けない炭酸石灰になっていたからだと考えられる。

それでも全伸栽培で石灰が吸収できるのは、強くなった根の先端から酸を出して溶かすことも考えられる。また、こうした強度の乾燥という悪条件は、反対に、雑草の発芽や生育を抑制し、病原菌の繁殖も抑制し、除草労力

多本仕立てで尻腐れが防げるしくみ

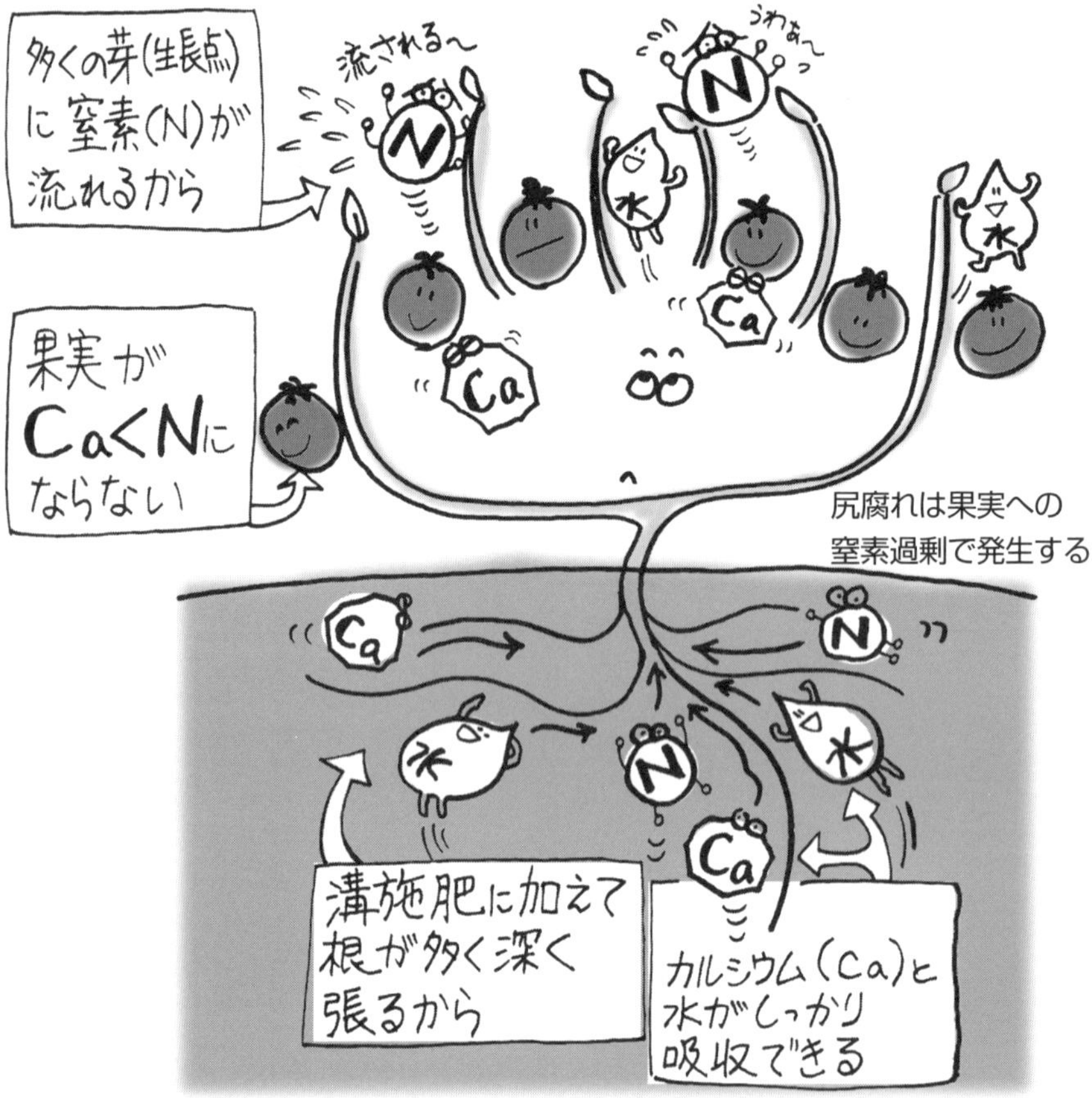
多くの芽(生長点)に窒素(N)が流れるから
流される〜
うわぁ〜
果実がCa<Nにならない
尻腐れは果実への窒素過剰で発生する
溝施肥に加えて根が多く深く張るから
カルシウム(Ca)と水がしっかり吸収できる

がかからず、無農薬栽培も容易になる好条件でもある。

近年、石灰を追肥で施用する農家技術が話題になっている。しかし、私は牛糞堆肥のみの施用で最長一四年間連作しているが、尻腐れはほとんど発生せず、堆肥に含まれる石灰分で十分と考えている。

多くの生長点で窒素を逃がしてやる

窒素のシンク、つまり落ち着き先は、最大のものが果実（特に種子）、それから根、生長点など、光合成をしないか、成長が盛んな場所である。窒素はカルシウムより草体内での移動が早く、すぐにこうした場所へ到達する。

それに対して、カルシウムは移動が遅く、一度組織に取り込まれると、他へ移動しにくい。そのため、相対的に

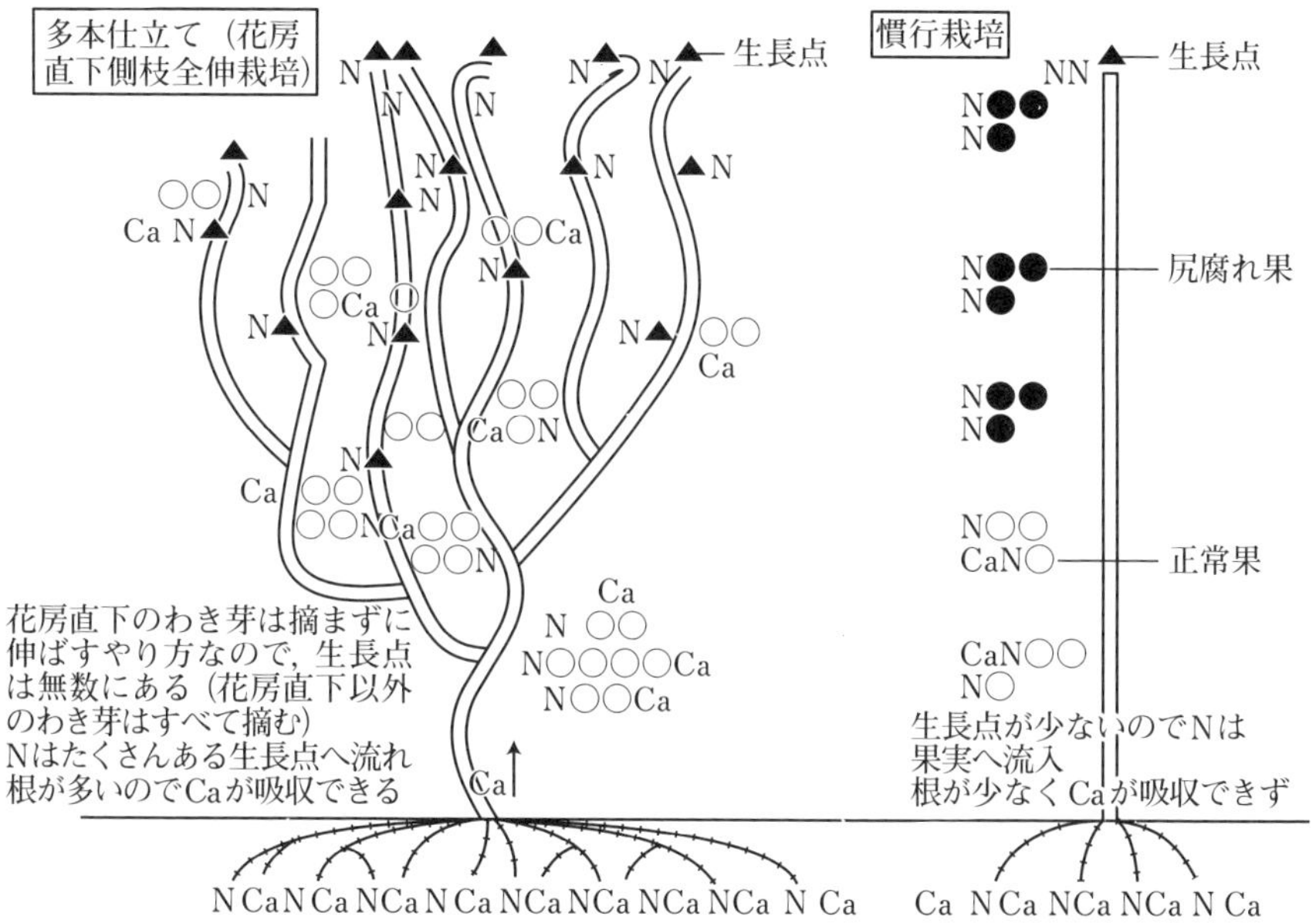

図11　トマトの多本仕立ては生長点の数が多いので，尻腐れ果が出ない

根から近い、先に成った大きな果実の中では、カルシウムのほうが窒素より落ち着きやすいことになる。これは、古い葉から先に窒素が抜けて黄色くなっていくことからもわかる。

したがって、生長点や、それ以上に多い幼い果実が強力なシンクとなって窒素を引き寄せる多本仕立ては、先に着果した果実内での窒素濃度を適切に保つ効果がある（図11）。こうして自然状態でも植物みずから調節しているわけである。

株間を広く取り、多くの側枝を立てるため、一株当たりの茎葉の量は一本仕立ての数倍に達する。そのため、一本仕立てのように、一果房収穫するたびにシンクが少なくなって茎葉へ養分が回り、次の段の果実肥大が進むにつれてまた負担が増して茎が細くなる、といったことが避けられ、茎葉の栄養状態が安定するため、病害虫がつく隙がなくなる。果実の重量に対して茎葉、特に若い葉が多いことで、果実間の養分競合も少なくなることが、尻腐れが出ない一因である。

多本仕立てだから無灌水で作れる

ミニトマトは、従来の二本仕立てで

は無灌水栽培で尻腐れ果の発生が多かったが、多本仕立てではほとんどない。この原因は生長点が多く、そこから作られる成長ホルモンが根に働く結果、根が元気になり、吸収に力が要るカルシウムイオン（Ca^{++}）を多く吸収できるからである。また、生長点や、多くの若い果実が窒素を引き寄せる結果、収穫近い果実への余分の窒素の流入を防止できるからである。

むしろ、多本仕立てでは茎葉が繁茂するので、灌水を行なえば過繁茂で病害がつきやすかったり、疎植なので初期には地面に光が当たり、灌水を行なえば雑草が繁茂しがちになる。多本仕立ては無灌水に適応した技術であるともいえる。

そして無灌水栽培のために、また多本仕立てで果実に対する葉面積が大きいこともあって、果実の糖度が高くなり、市場評価も高くなる。とすれば、糖度がさほど高くなくても風味がよく、多収となる品種を用いて、普通栽培並みの糖度で風味も濃く多収という戦略も立てられる。実際、私は首都圏に多数の店舗を持つナチュラルハウス、ヴェルジェなどの自然食品店に販売し、消費者から「甘さと酸味、歯ごたえもあっておいしい」と評価され、ブランド品扱いとなっている。

多本仕立てのポイント

本葉四枚が展開した超若苗で定植

一般に、トマトは「花が咲いてから定植」とされている。これは、若苗で定植すると「樹が暴れる」「よけいな側枝がたくさん出る」などといった理由からである。しかし、無灌水、深層施肥などの条件下で、定植直後の根の活力が強くなければ問題にならない。養水分の不足により順調に活着できない条件では、若苗で定植し、多数出る側枝も活用する栽培方法が適している。

図12　トマト定植後の姿
花房直下のわき芽を伸ばす

花房直下の側枝を伸ばす

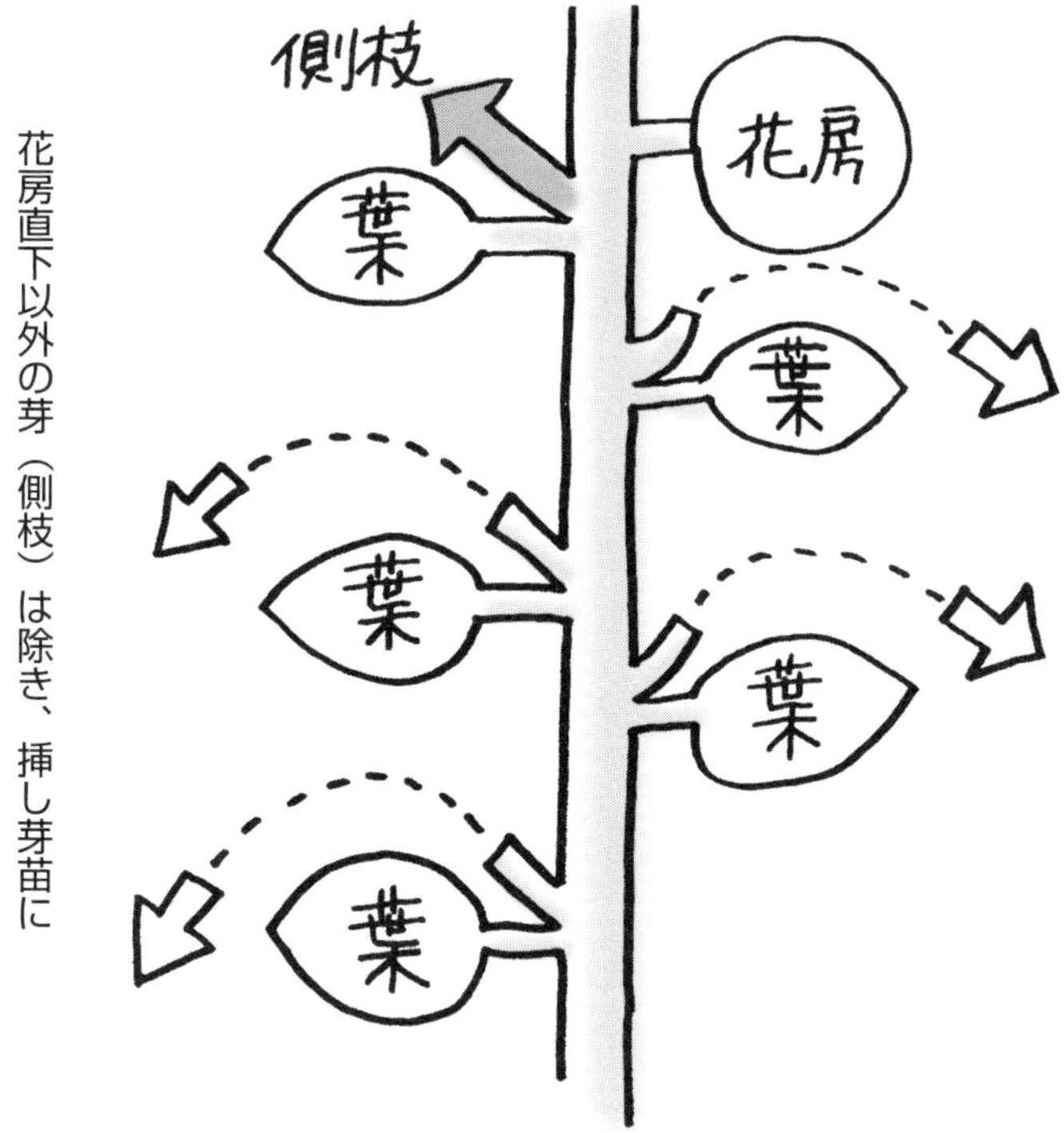

花房直下以外の芽（側枝）は除き、挿し芽苗に

育苗は三月十日頃から、定植は四月下旬からである（図12）。発泡スチロールの魚箱のふたを断熱材として、ハウス内に掘った溝の内側に並べ、ここへ桜の落ち葉と米ヌカを混ぜて踏床を作り、その上に、前年の踏床である腐葉土を床土として播種する。発芽して子葉が展開したら、同じ腐葉土を詰めた九cmポットに、ただちに鉢上げする。苗はトンネルをかけて保温し、霜害から守る。踏床の温度が下がったら、米ヌカを加えてかき混ぜる。

苗は、本葉四枚展開程度（蕾が見えなくてもよい）の超若苗とする。定植当日の朝から、発泡スチロールの魚箱（穴のないもの）に水を溜め、ここへポットを浸漬して底面吸水させ、約五時間以上経過したあと、午後三時頃から定植を開始する。なお、多本仕立てでは花の方向もバラバラなので、一本仕立てのように花房の方向を揃える必

図13　溝施肥での畝立てのやり方

5.4m幅ハウス3条植えでは両側を仕上げてから中央を掘ると一輪車が通りやすい

要はない。もっとも、若苗だから花房も見えないので、事実上、方向の確認はできない。

トレンチャーで溝を掘り、畝立て

定植するための畝は五・四m幅のハウスで三条植えとする（図13）。

まず外側二条の畝の真ん中をトレンチャーで深さ五〇～六〇cm掘り（乾燥する畑はさらに深くする）、ここへ牛糞堆肥を一〇a当たり八t程度（溝一・八m当たり一輪車一台三〇kg）入れ、溝の中で広げる。そして、溝の両肩を溝の幅（三〇～四〇cm）が二倍くらいになるよう鍬で切り崩してから、トレンチャーで上げた軟らかい土を戻す。畝の高さは乾燥地で低く、湿気る畑で高くする。外側二条が終わったら、中央一条も同様に畝を立て、その後、各畝に黒マルチをかける。

ハウス被覆は風がない早朝五時から行なう。一～二名が地下足袋をはき、被覆資材（POフィルム）を頭にかぶってハウスに登り、POを引き上げて中央線を天井の直管パイプにパッカーで仮止めし、次に両側を引き上げて広げ、両妻面を止めてから、両サイドをマイカ線またはビニペットで止める。

定植後しばらくは苗が動かないものの、いっさい灌水しない。成長を再開したら、しばらく放任し、一番大きい側枝がおおむね一五cm以上になったら摘除・挿芽を開始する。花房直下側枝は絶対に除去してはならない。それより下の側枝も、特に乾燥する中畝では一節残して孫や曾孫側枝が出るようにし、また「オレンジパルシェ」のように側枝が少ない品種では、側枝の止め方を緩くして、花房直下以外の側枝も一部はそのまま伸ばすなどして草の形を整える。

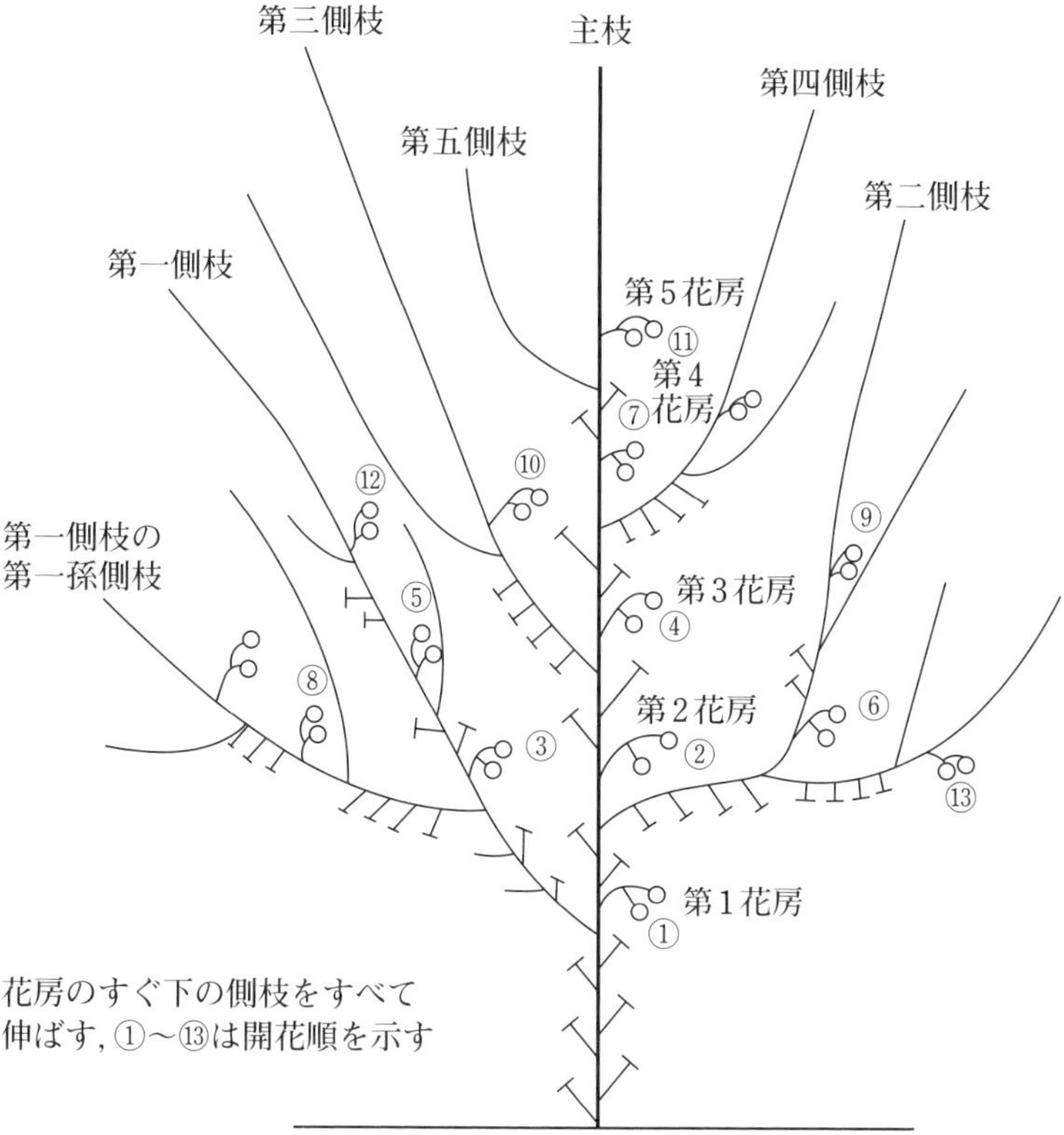
主枝
第三側枝
第四側枝
第五側枝
第二側枝
第一側枝
第5花房
⑪
第4
花房
⑦
⑩
⑫
⑨
第一側枝の
第一孫側枝
第3花房
⑤
④
⑧
第2花房
⑥
③
②
⑬
第1花房
①
花房のすぐ下の側枝をすべて
伸ばす, ①～⑬は開花順を示す

図14　トマトの花房直下側枝全伸栽培の仕立て

花房直下の側枝だけ残して伸ばす

第一花房直下側枝を伸ばすのは従来の二本仕立てと同じであるが、花房直下側枝全伸栽培では、これより上位すべての花房直下側枝を残し、花房直下以外の側枝は原則としてすべて摘除する（図14）。最終的には十数本の側枝を立て、それぞれに花房がつくことになる。

若苗で定植すると、第一花房直下より下の側枝も非常に強力に出る。しかしこれらの側枝は、茎（主枝）がまだ細いときに出るため、付け根の部分が細く、大量の養水分の通過が困難なためか、花房直下側枝より収量が明らかに少なくなる（図15）。それでも、そのうちの数本は、元から摘除せず、一節残し、そこから出てきた孫側枝もま

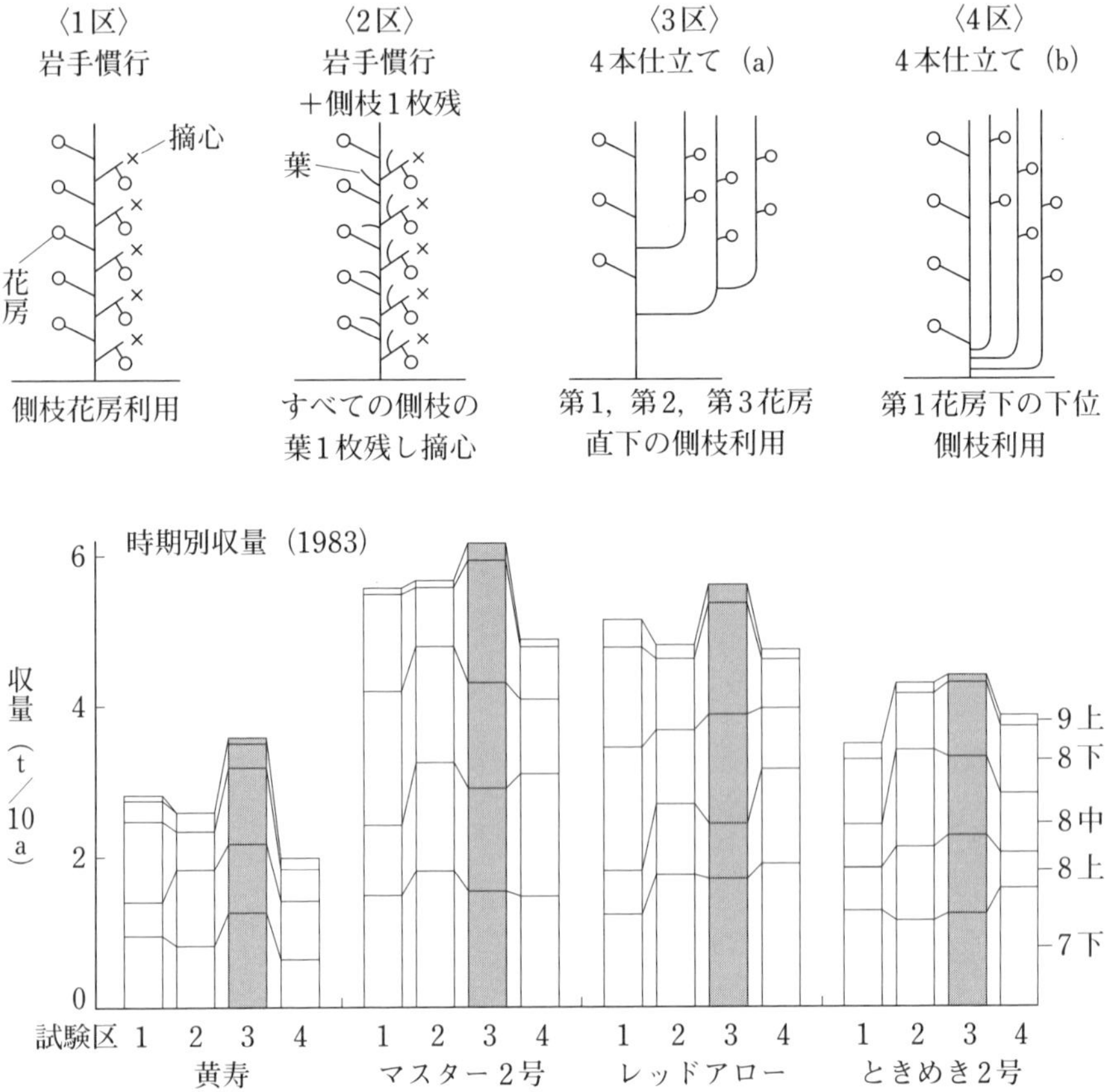
〈1区〉
岩手慣行
摘心
花房
側枝花房利用
〈2区〉
岩手慣行
＋側枝1枚残
葉
すべての側枝の
葉1枚残し摘心
〈3区〉
4本仕立て（a）
第1，第2，第3花房
直下の側枝利用
〈4区〉
4本仕立て（b）
第1花房下の下位
側枝利用
時期別収量（1983）
収量（t/10a）
0
2
4
6
9上
8下
8中
8上
7下
試験区 1 2 3 4 1 2 3 4 1 2 3 4 1 2 3 4
黄寿
マスター2号
レッドアロー
ときめき2号

図15　第1花房より下の側枝は，花房直下側枝より収量が少ない

た一節残すなど、節は残しておく。それは、次のような場面で役立つからである。

八月になり、着果位置が天井に近くなると、高温のためにへた枯れしたり、大雨のあとは直射日光を受けて果温が上がり、水分が膨脹して裂果しやすくなったりする。このとき、下位節に残しておいた枝たちに成った果実は、葉陰にあるため、こうした障害から免れ、貴重な可販果となる。

主枝の第三花房より上位になると、花房直下以外の側枝はほとんど発生せず、芽かきはまったく不要になる。あとは、天井の被覆資材に葉が触ると焼けるので、その手前で摘心する。

側枝が混まないように吊り上げる

側枝の誘引は、株が五〇cmほどに成

長した頃から開始する。最初に主枝を吊り、次に第一花房直下側枝を吊り、次いで第二花房直下側枝、第一側枝の第一孫側枝の計四本を吊る。第三花房直下側枝以下の側枝は、吊り上げた四本の枝に寄り掛からせることができるが、できないときは吊る。

誘引は麻ひもを用い、天井に張った針金から吊る。針金は、なましでなく亜鉛メッキ線または被覆鉄線とし、太さは一〇番または一二番を用いる。天井のパイプからパイプ一本おきにマイカ線で吊り下げ、収穫者の身長から無理のない高さとする。針金の両端はハウス妻面に横に専用パイプを渡して縛る。五・四mハウスでは三畝各二本、計六本の針金を張る。麻ひもは枝の分かれ目の直下で縛るが、そのほかの場所でもかまわない。ただし、花房の下は花房をしごき落としてしまう恐れがあるので注意が必要である。

側枝は八月以降、繁茂し、垂れ下がり、通路をふさぐ。収穫が忙しくて誘引しないでおくとジャングルになって、収穫作業が「ほふく前進」になって大変である。このため、下がった枝は果実が成らないうちに吊り上げることを励行したい。枝が垂れ下がり、果実が地面についているところは、病害虫もつきやすい。また、手が届かない高いところに成らないよう、針金より高く伸びた枝は針金の高さまで下ろし、畝に平行に伸ばす。

かいた側枝を挿芽して株を増やす

第一花房直下より下の側枝は元から、または一節残して摘心するが、これを捨てないで挿芽する。挿芽苗は、土中に挿した茎の最下部から太い根が出るので、普通の苗より乾燥に強い。

なお、芽かきは最低でも一五cm以上に伸びてから行なう。特に苗が若いうちは、あまりわき芽が小さいときに除去すると、葉面積が減少して根の発達を抑制する。切り口からの病原菌侵入が心配されるときは一節残すか、二～三cmは茎を残したほうがよいだろう。

挿芽はポットに挿して、ハウス内なら発泡スチロールの魚箱に水を溜めて並べておけば省力的である。じかに植える場合は、水はけがよい露地に並べて挿し、一週間以内は晴天時寒冷紗をべたがけするだけで活着する。

この苗は種子から育った同じ大きさの苗と比べて根が太く、下のほうの側枝の付け根も太く、花房着果位置が低い。いずれも初期生育を盛んに、早期収量を高くする要因である。したがって、側枝はすべて放任し、株間は広く一二〇cm以上とり、一気に多収穫を実現する。

一株から採れる挿芽苗は五本以上あるが、収穫労力を考えると、早い作型と遅い作型が同程度となることが望ましく、その意味では一株平均一本で間に合うことになる。もし畑が余っていたら、肥料も与えず、挿芽苗を植えておくだけでも、八〜十月に雨が少ない年はかなりの収量が上がる。

野生のマルハナバチに交配させる

着果位置がバラバラになる栽培法は、かつてホルモン剤を噴霧していた頃は労力が非常にかかって実用的でなかった。しかし現在はマルハナバチによる交配となり、この栽培法では野草帯を設けて野生のマルハナバチが交配するので、まったく問題ない。

私がハウスの際に残している野草帯は、天敵の住処や土壌浸食防止だけでなく、野生のマルハナバチのゆりかごともなっている。種類はトラマルハナバチ、クロマルハナバチの二種が確認されており、いずれもノネズミの穴で越冬し、子供が育つといわれている。

マルハナバチは、春に越冬明けの女王が一頭で小型の働きバチを育て、小型の働きバチが育てた大型の働きバチが初夏から発生する生態を持つ。福島県では、五月になれば初代の小型の働きバチが、六月下旬には二代目の大型の働きバチが見られ、十月頃まで継続して働く。つまり、交配が必要な全期間で働いてくれる。

このため、ホルモン処理や購入マルハナバチが必要なく、労力や経費の節減に役立つ。着果ホルモン剤の多くは有機塩素系で、遺伝毒性の可能性が指摘されている。北海道では交配に使われたセイヨウマルハナバチが増えて在来種を駆逐し、問題になっている。そのような弊害もない。

なお、多本仕立て栽培では花の位置がバラバラで、花房当たりの花数も少ないので、樹を揺らすことによって受粉させる「振動受粉」は不利である。

バラバラな着果も「トマト狩り」で

第一果房は多数の枝から養分を受け取って、一〜二本仕立てよりもずっと大きな果実が成るが、枝が非常に増え、着果数も増加するにつれて果実は小さくなり、九月には一果平均一〇g以下になってしまう。しかし限りなく小さくなるわけでなく、不受精果（くらげ果と呼ぶ）が増える十月には、再び大きな正常果が増えてくる。そして、着果位置、枝などの違いにより、皮の厚さなどが少しずつ違う果実が成るため、大雨で裂果が急増する場合も、裂果しない果実が相当残る。

多本仕立てでは着果位置がバラバラなので、見落としがないよう、一日おきに反対側から収穫したり、夫婦で交代に収穫するのがよいだろう。収穫の際には、肘や帽子のつばで花房を折ったりしないよう注意が必要である。しおれた枝があれば、コウモリガが食い込んでいる恐れがあるので、侵入口を見つけ、針金を差し込んで殺す。

なお、こうした着果は、トマト狩りに消費者を呼ぶとき、どこに着果しているのか探しながら収穫する楽しみがある。大変おもしろい収穫作業となり、お客の満足度も大きく、そのうえ時間当たりの収穫量が少ないため、面積の割に多くの客を呼ぶことができる。九月以降の出荷用には、おもに挿芽苗を用いればよく、多本仕立てのバラバラな着果をこうした観光農業に使うのもよいだろう。

花房直下以外の側枝も残す応用編

二〇一〇年、西会津町で四年間放置されていた大型ハウスにミニトマトを栽培した。ここは、水利権がなく、かけた水も砂地ですぐしみ込んでなくなってしまう土地である。無灌水は困難かと思われたが、この方法でやってみると問題なく作れた。

ただ、中央の畝は非常に乾燥して、晴れて暑い日はしおれることもあるため、第一花房直下より下の枝も一部をしばらく残しておき、株が大きくなるにつれて心を止めた。そして、立てた枝を中心にしつつ、下のほうにも常に茎葉があるように調節することで草勢を維持した。

こうして中央の畝のトマトも枯れずに育ったが、その果実は両側の畝の株よりかなり小さく、果実は硬かった。そこで来年は、中畝には実生のなかで着果数が多く果実も大きいが、果実の水分が多い系統を植えようと考えている。

品種は「紅涙」（後述）を主体に、その実生後代F_4や他の品種も栽培した。そのなかで「オレンジパルシェ」ほか一部の品種は非常に節間が長く、側枝の発生が少ないため、花房直下側枝だけでは空間が多く、葉面積が他の品種より大幅に少なく感じられた。このような品種には、花房直下以外の側枝も、必要に応じて立てることがよいと思われる。

中玉品種を吟味・育成

レッドオーレから紅涙への転換

多本仕立てや無灌水栽培では乾燥に強く、しおれにくい品種が向いている。ピンキー、カナリーベルなどはしおれやすい。葉や側枝が少ないオレンジパルシェやカナリーベルもあまり適さない。水不足で尻腐れになりやすいアイコなどや、気根が出ない千果なども適さない。ここに挙げた品種のほとんどは八月に極小果しか成らなくなってしまう。さらに小桃は乾燥条件で果実が粉質になり、食味不良となる。花数が少ないプチオレも収量が極端に少なくなってしまう。

図16　気根の発達の多い「紅涙」

私は試験場で品種を検討し、肉質がよく、多収で糖度も高く、食味が良好で、外観も安定するなどの優れた特徴を持つ「レッドオーレ」を選定し、栽培してきた。しかし、二〇〇五年、この品種に葉かび病が大発生し、罹病した株に成った果実の糖度が低くなってしまった。

当時、酸味と甘味がともに強く、レッドオーレより小さいものの着果数が多い品種「試交八一三号」（むさし育種農場）を試作していた。この酸味は収穫後に甘味に変わり、レッドオーレより葉かび病に強いことなどからも有望と判断し、二〇〇七年から全面的にこの品種に切り換え、多くの消費者から好評を得ている。

この品種は皮が柔らかく食べやすいが、裂果しやすい欠点がある。また、水分や肥料分が多い畑で栽培すると、果実は大きく多収となるが甘味がなくなってしまう。つまり、無灌水で多本仕立て、しかも溝施肥という栽培方法でしか本領を発揮できない品種である。そこで私はこの品種に「紅涙」と

多収系統のほうが育種で有望

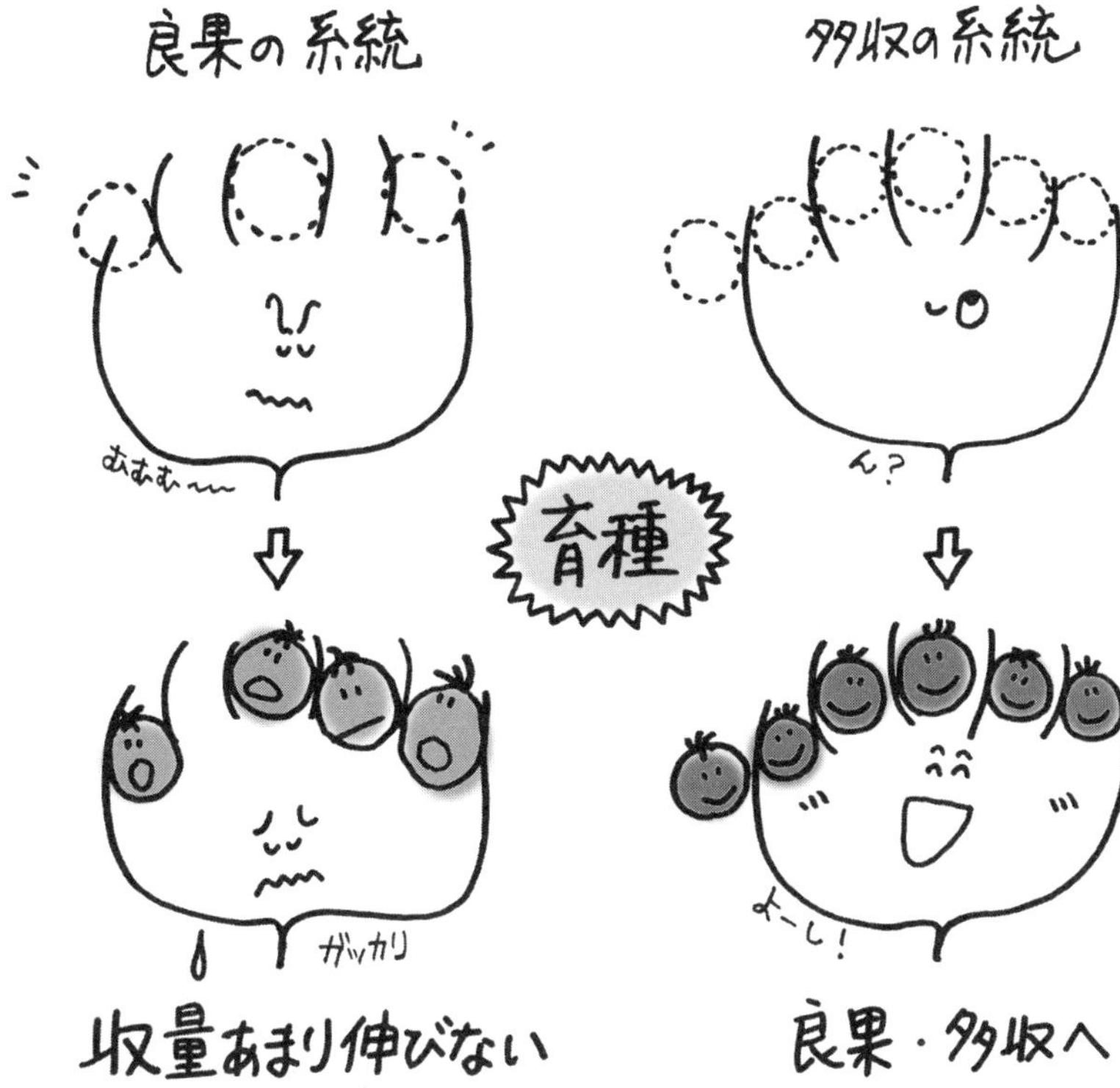
良果の系統
多収の系統
むむむ〜〜
ん？
育種
ガッカリ
よーし！
収量あまり伸びない
良果・多収へ

命名し、この栽培方法をとるときのみ名乗ることを認めることにした。

割れにくく、肥大のよい系統を

紅涙は気根の発生が非常に多く（図16）、空中の霧を直接吸収するなど、乾燥に適応し、果実の水分が多いため乾燥条件でも粉質化せず、食味が濃厚になる。着果数が多く、果実肥大も良好である。

しかし、もともと試交八一三号は、多本仕立てや無灌水による栽培方法で選抜された品種でないため、もっと適する形質に変えたいと考えた。具体的には、裂果を少なくする、少ない水分でも肥大するようにする、より糖度を高くする、などである。

この品種は、親に超多花性遺伝子を持ったものが使われており、実生を作ると一花房百花を軽く超える株も多く出る。しかし、着果率が低かったり、果実が非常に小さかったり、裂果しやすかったりなど、いろいろな欠点が出て、満足できるものは稀である。

そのなかで二〇一〇年、西会津の砂地の大型ハウスで栽培した結果、果実が一回り大きく、超多花性で着果率も比較的高く、果実水分が非常に多く、酸味と甘味も強い系統Iと系統Fのうち、それぞれ二株程度を選抜した。これらは、特に乾燥して紅涙でも小果になりすぎる中央畝専用に使用する見込みが立った。

超多収で食味そこそこから選抜

ほかにも糖度が高く、果肉が硬くて裂果しにくい系統Eや、多汁で非常に甘味が強い系統Dがある。しかし、Eは晩夏にへた枯れしやすく、Dは裂果しやすかったり、後半成らなくなるものもあった。とりあえず今年はD、Eから欠点が少ない株を選び、少数でも来年栽培してよいものがあれば選抜固定していこうと考えている。さらに、食味がよく多収の系統A、小果だが超多果で甘い系統Bも各一株から採種して、栽培を維持していく予定である。

全体として収量が少ないものは、いくら食味がよくてもあまり発展性がない。超多収の系統の中で、食味がそこそこ良好なものから選抜したほうが、よいものが出る可能性が高いように思われる。

なお、ここで選抜した系統は交配種（F_1）の分解なので、ヘテロで持っているTMV（タバコモザイクウイルス）抵抗性（Tm-2a）が失われたものが分離する。台木品種以外では、ホモでTMV抵抗性を持っているものが少ないので、F_2からの選抜では接ぎ木の台木を選択できなくなる可能性が十分にある。

種苗会社は、この疎植による花房直下側枝全伸栽培が普及すれば種子が三分の一以下しか売れなくなってしまうため、この栽培法に適する品種を育成しないだろう。TMVや土壌病害が発生しないよう心がけ、そのような土地で栽培するしかない。現在の私の畑も同様である。

育種をめぐる話題いろいろ

●自生苗は優れているか?

庭先や畑に、自然に生えた野菜が育つことがある。当地では俗に「ヘッツィ」とか「ヒッチェ」とか呼ぶが、「肥料もやらないのによく育つ」「生活力が強いからだ」「大切にして増やそう」と育種に珍重する人がいる。親が均一なF_1品種であれば、これは正しいと思う。特に、ぞっくりまとまって生えた実生のなかから、兄弟を押しのけて大きく育ったトマトなどは少なくとも生育については優れたF_2であろう。

しかし、親が変異を含む固定品種、在来種、まして固定途中の系統であれば、十分注意しなければならない。果菜類の場合、その場に種子が落ちるのは裂果や腐敗など、収穫できなかった果実である。このような系統を栽培すれば、裂果しやすいスイカ、メロンやトマトなどが残ることになる。

また、葉根菜類の場合、種子がこぼれることは、収穫できないでとう立ちしたことを示している。なぜ収穫できなかったかといえば、多くの場合、結球や根の肥大前にとう立ちしたり、冬を迎えてもまだ小さくて収穫できなかったものが春になって開花したと考えられる。いずれにしても不良なものが残って種子を落とした可能性が極めて高いわけだから、このようなものを栽培することは有害無益である。

●固定できない病害抵抗性

トマトのTMV抵抗性は、ホモでもヘテロでも同等の完全優性と考えられる。不完全優性を示す耐病性についてはポリジーンによるものも含め、選抜の効果が大きい。しかし中には、優性ホモ個体に特有の症状が出て、ヘテロでなければ使えない耐病性も存在する。

メロン、キュウリのうどんこ病真性抵抗性因子がその一つで、ホモになると生理的葉枯症状といって、葉全体に蛇眼状の黒斑が発生し、生育が遅れ、ついに枯死し、よい果実が得られない。これでは、うどんこ病よりひどい。それでいくら選抜しても、ヘテロ個体しか残らず、永久に固定できない。

こうした遺伝子は人間でも知られていて、有名なものは西アフリカに分布する「鎌状赤血球」遺伝子である。これをホモに持つ子供は、重度の貧血により成人前に死亡するが、ヘテロに持つ人は貧血にならず、マラリアに強い抵抗力を示す。この地方では、マラリアが重要な選択圧となって、この遺伝子が生き残っていると考えられる。

●自殺遺伝子は広がるか?

遺伝子組換え品種の中に、農家の自家採種を防ぐため、種子ができない「自殺遺伝子」を組み込んでいるものがあるという。一九九九年茨城で行なわれた有機農業研究大会で「自殺遺伝子が広がって、在来種の種子も採れなくなってしまう恐れがあるから遺伝子組換えに反対しよう」という意見が出た。

沖縄におけるウリミバエ防除のように、不妊雄を大量放飼しついに絶滅させたことを連想してのことではないかと思われるが、生殖方法がまったく異なる昆虫と高等植物では比較に無理がある。自殺遺伝子は、おそらく補足遺伝子によると思われる。補足遺伝子については、私は次のような経験がある。米国の「ポインセット」というピックルキュウリと、日本の普通のキュウリを交配したところ、F_1にはすべて、両親にはない強い苦みがあった。

これを遺伝子型で示せば、AAbb × aaBB のF_1はすべてAaBbとなり、A、B双方の存在でできる苦みが発生したと考えられる。仮にA、Bの存在で致死となれば、合わさるたびに遺伝子が除去されるから、AまたはBのいっぽうが残ることはあっても、もういっぽうは早晩消滅することは当然である。有機農業研究大会での意見は杞憂というしかない。

column column

コラム❶

種子から育てるイチゴ栽培

●最も容易に育種できる作物

イチゴは普通、ランナーと呼ばれる匍匐枝によって増殖する。栄養繁殖であり、すべて同じ遺伝子を持った子苗が増殖する。しかし、種子から増やすこともできる。果実についた種子、正確には「痩果」といい、食用にする部分は「花托」に相当する。この種子を播けば、翌年には開花結実し、しかも栄養繁殖の作物の特性でヘテロ性が高いから、一つ一つの種子からできた苗はすべて異なる遺伝子型を持つ。

したがって、イチゴはすべての作物の中で、最も容易に育種ができるといっても過言ではない。同じように栄養繁殖する果樹では、結果するまでに数年かかるし、種子繁殖の野菜では交配後遺伝子をほぼ固定するのに七~八世代を要する。なお、イチゴは珍しい同質八倍体植物で、交雑により非常に多様な特徴が導入できる特性がある。

●受粉から発芽・伸長、収穫まで

①交配は、開花時、花弁が開かないうちにピンセットで除雄し、他品種の開花・開葯した花を持ってきて花粉を振りかける。交配しなければ、自家受精が多い（他花受精でも、同じ品種なら自家受精と同じ）。これに袋掛けし、父親の品種名を記入する。果実が赤く着色したら収穫する。なお自家受粉でできた子は、自殖弱勢で親より弱いものが多いが、なかには非常に強いものも出る。品質なども親に似たものが多いが、かなり味が異なるものも出ることがある。

②イチゴパックに脱脂綿を敷き、水を吸わせて、ここへ果実からピンセットで種子を引き抜き並べる。光が当たる暖かい窓際などに置くと、四月下旬播種では三週間ほどで次々発芽する。

③これを、別のイチゴパックの底に小さい穴を多数開けたものに川から取ってきた砂を入れ、発泡スチロールの魚箱に水を入れて、その上に並べて底面吸水させる。ここへ脱脂綿からピンセットでていねいに引き抜いた苗を移植する。なお、砂は必ず川から取ってきたものを使う。土建業者から購入した砂には肥料分がなく不可。しかし液肥などは濃度障害が出るのでいっさい与えてはならない。

④本葉が出て、苗が相互に重なり合うようになったら、六cmポットに同じ川砂を入れて、やはり底面吸水させ、ここへ一本ずつ植える。

⑤草丈が八cmくらいに伸びたら、露地に植える。ただし、生長点が土に埋まると枯死するので、雨垂れが当たるような場所は避け、時々注意して観察する。

⑥十二月にハウス被覆すれば、翌春四月に開花、五月に収穫できる。

⑦必ず各株を試食し、食味がよく、奇形果が出ず、果実が大きく、病害に弱くなく、果数が多いなどよいものを選び、印をつけて、ランナーを増やす。

⑧翌年は、同じ種子から出た苗をまとめて植えて、再度品質や収量、耐病性などを調査し、優れたものだけを残して他のものは捨てる。なお、欠点があっても、生育とか、果実の大きさなどに特に優れたものがあれば、その欠点を補う別の系統と再度交配して、その子からよいものを選抜すると、効率的な育種ができる。ただし、花托の先端ほど小花の開花が遅れ、猫面果になる性質は優性遺伝するので選ばないこと。

column column column

第3章

メロンの多本仕立て

一～二本仕立てとの違い

生育は最初が遅く、あとから回復

多本仕立てでは、株間は地力にもよるが、仕立て本数のおよそ〇・七五乗くらいが適当と思われる。計算式は図17のようになる。たとえば立作り二本仕立てで株間四〇cmなら、六本仕立てでは株間九一cmくらいで、ほぼ同じ繁茂状態になる。

株数が四割強に減るから、初期は空間が目立ち、通路に雑草が生えやすいなど、場所が無駄に見える。しかし、生育が進み、側枝を多く伸ばした疎植の株は、根の力も強く、たちまち慣行栽培と変わらない繁茂状態になる。播種期による違いを見ると、早春播きより晩春播きのほうが追いつくのは早く、夏播き抑制栽培ではさらに早く追いつく。そのため、六月播き以降は二〇本仕立てでも収量は減らないし、品質は向上する（図18）。

特に、カボチャ台に接ぎ木した苗では吸収する窒素と光合成とのバランスがよくなり、過繁茂になる一～二本仕立てと違って、多本仕立てでは葉が大きくなりすぎることがなく、管理しやすい草勢になる。株間が広く、仕立て本数が多くなるほど、葉が小さく、各節から出る巻ひげ、雄花などが少なくなり、側枝も短くなる。しかし、そうした側枝にもしっかりと着果する。

台葉（台木の葉）を地這いで伸ばす場合は、株間が狭いと各株から出た台葉が混み合って足の踏み場もなくなるが、株間が広いと通路が広く使える。

立作り２本仕立てで株間40cmのときと同様の繁茂状態を
６本仕立てで実現したいとき

$$\text{目標とする仕立て本数のときの株間（cm）} = 40\,\text{（cm）} \times \left(\frac{\text{目標とする仕立て本数}}{2}\right)^{0.75}$$

$$= 40\,\text{（cm）} \times \left(\frac{6}{2}\right)^{0.75}$$

$$= 91\,\text{（cm）}$$

図 17　メロンの仕立て本数と株間の計算式（例）

多本仕立てだから，しおれない

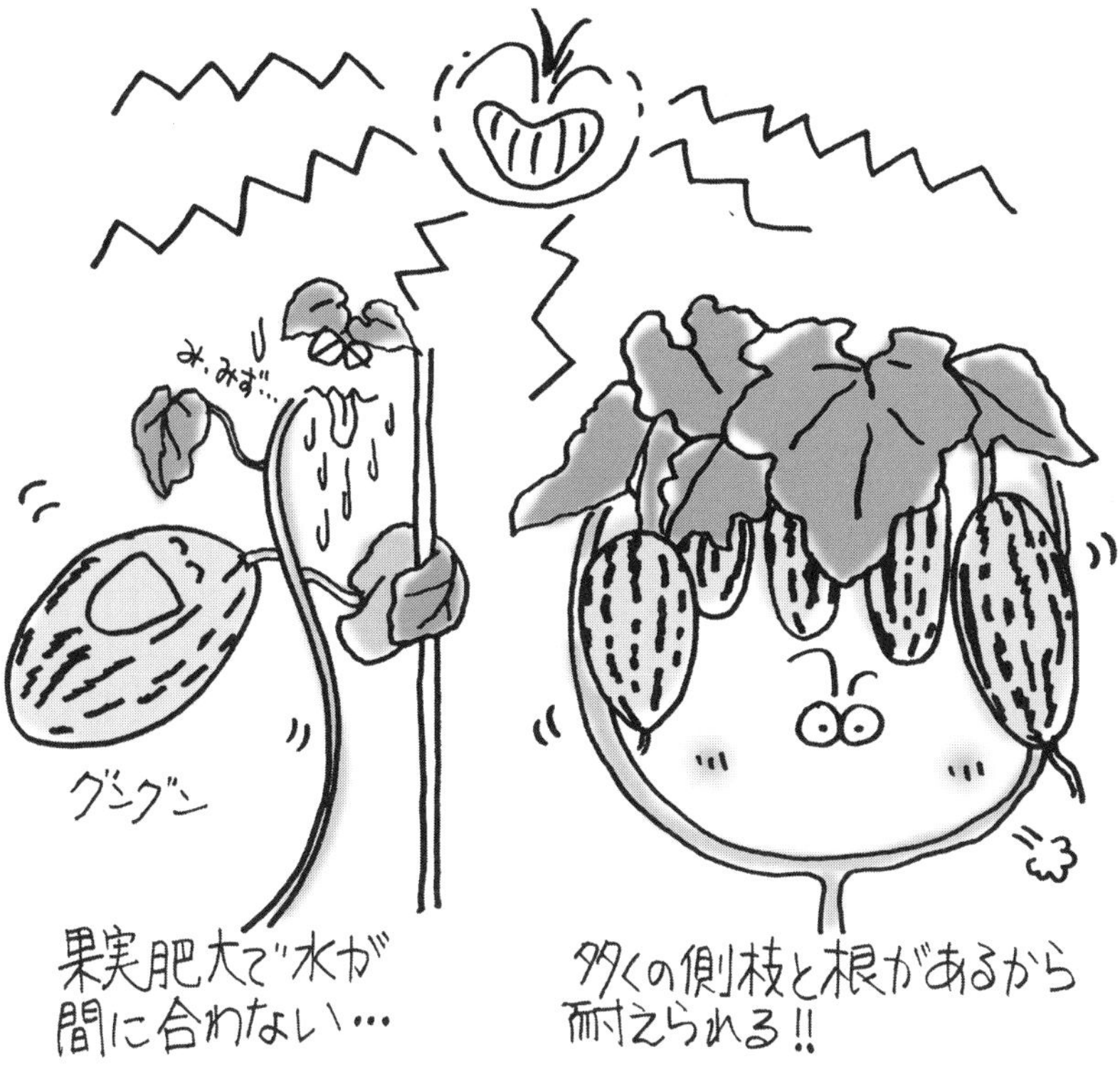
み，みず"…
グングン
果実肥大で水が
間に合わない…
多くの側枝と根があるから
耐えられる!!

密植・1本仕立て　　　　疎植・多本仕立て

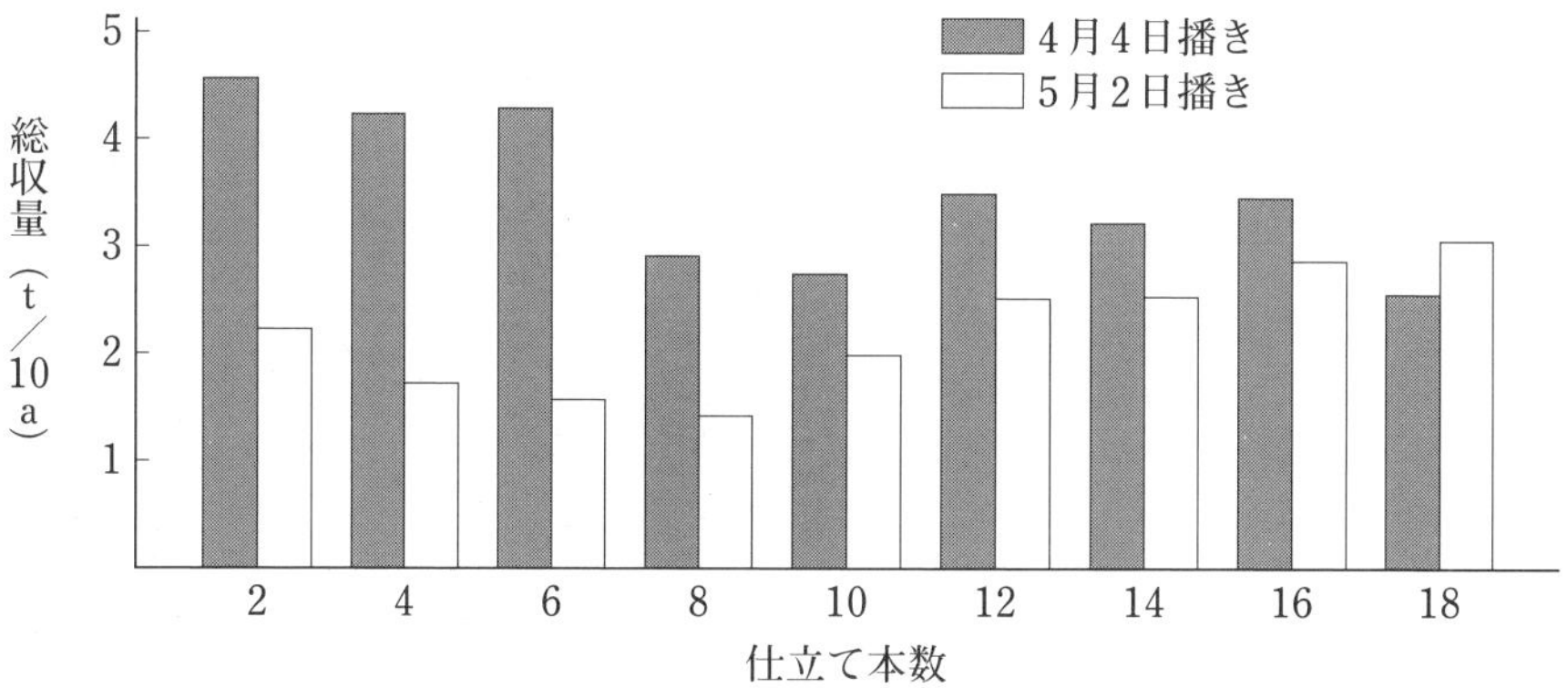
4月4日播き
5月2日播き
総収量（t／10a）
5
4
3
2
1
2
4
6
8
10
12
14
16
18
仕立て本数

図18　メロンの播種期，仕立て本数の違いによる総収量

品種：アールスセイヌ夏系II号，1986年

無灌水でも急性萎凋症にならない

急性萎凋症状の原因は、根の吸水力に対して果実など水を要求する部分が大きすぎる場合に、乾燥が続くと発生しやすくなる「チロシス（導管栓）」と、ＣＭＶ（キュウリモザイクウイルス）とＺＹＭＶ（ズッキーニ黄斑モザイクウイルス）の混合感染によるものが知られている。

前者に対しては、多くの側枝や台茎を残し、根の活力を強めることによって発生を抑制できる。後者に対しては、カボチャに接ぎ木し、台茎を伸ばすことによって、感染しても発症しないカボチャの葉からの養分で根が支えられるため、発病が抑制される。これは、メロンと接ぎ木不親和を起こすクロダネカボチャに接ぎ木する場合も当てはまる。

また、カボチャは低地温や湿害に強いが、乾燥にはメロンよりも弱く、トルクメニスタンで行なった試験では、自根も残す「二本足」でないと乾燥する同国の夏を乗り切れなかった。そこで、土壌病害の発生がない畑では、メロンの自根を切らない「二本足」にして、初期の低温と、無灌水ハウスの夏の乾燥双方に強い苗で栽培している。

図19　多本仕立てで育てるトルクメニスタン系のメロン

六～八本仕立てで六～九果採れる

五～六月播種の二〇本仕立ても可能であるが、わが家のように標高が四〇〇mとやや高く、秋の天候が悪い会津山沿いでは、四月播種が無難である。その場合、仕立て本数があまり多いと、なかなか場所がふさがらず、収穫時期も遅れる。多くの場合、場所がふさがらないうちに着果して大果になり、その後の枝の発生が遅れて、結局場所がふさがらず反収が低くなる。

そこで、五・四m幅のハウスでは二畝、株間を九〇cm、一条植えで、六〜八本の側枝を立て、そのほかの側枝は台茎とともに地這い状態（立てた側枝の勢いが強くなる）という整枝法をとっている。こうすれば、品種にもよるが、着果がよい中小型メロンは、一つる一果にこだわらずに、一株六果程度が収穫できる（図19）。また、秋に二〜三果の二番成りも期待できる。

頂芽優勢と摘心、吊り上げの関係

「頂芽優勢」という言葉は耳にした人も多いことだろう。頂点にある芽（花芽・葉芽）が他の芽の生育を抑制し、一本だけ大きな蕾や枝をつけることを指す。この芽（心と呼ぶ）を除去すると、下の芽がいっせいに伸び出す。相対的に上位にある芽が優勢になるが、その程度は植物の種類や品種によってさまざまである。この性質を利用しているのが大輪菊で、摘心すればやや小さいいくつかの花が揃って咲く。

野菜でもこの性質がいろいろなところで利用されている。葉菜類では、ブロッコリーを摘心すれば小型の花蕾が数個着生し、核家族向けのものになるし、タアサイでも小型のものが一株から四個程度採れる。

●摘心で節間が詰まるシュンギク

シュンギク、特に株張り系品種では、主枝の摘み取り作業は、鋏を心の中へこじ入れて、えぐり取るようにしなければならず、採った主枝も下葉が広がり、袋詰めの際に折れたり取れたりしやすい問題があった。そこで、主枝は短いうちに側枝四本を残して摘心を行なうと、側枝の第一節は一cm程度伸びていて収穫や袋詰め作業がしやすい。

ところが主枝をあまり小さいうちに摘心してしまうと、四本の側枝がいずれも第一節間が詰まって主枝のような生育を示し、収穫などの作業がしにくくなってしまう。つまり、側枝の第一節間が伸びるためには、上に主枝の重しが必要だということになる。

●吊り上げると節間が詰まるウリ

ウリの一部の品種でもおもしろい現象がある。主枝を吊り上げると節間が詰まり、葉が増え、側枝も多く着生するが、主枝の伸びは非常に遅く、吊り上げなかった側枝は節間が長くすいすいと伸びる。それならばと、その側枝を吊り上げると、また節間が詰まり、主枝と同様の生育を示す。まるで「立作りは嫌だ！」と叫んでいるかのようだ。同じ種類でも、大部分のメロンやマクワウリではこのようなことはないが、いくらかこのような傾向を示す品種も見られる。

成長ホルモンの働きによるものと思われるが、この性質を利用して枝を傾けたり吊り上げたりして生育のバランスをとることによって枝の力を揃えたりすることができる。

台木カボチャを活かす

台木カボチャに台葉をつけて活力を

メロンの台木は通常、主として共台が使われている。これは、カボチャだと強勢すぎて品質低下を招くからである。メロンではおもにプリンスメロンにしかカボチャ台が使われていないのは、プリンスメロンの種子が非常に小さくて、シンク機能が他の品種より低いため、根に行くべき光合成養分がとられず、急性萎凋症になりにくいからであろう。

　しかし、強勢すぎるのは、慣行の肥料を与え、灌水を行ない、一～二本仕立てにするからである。落ち葉堆肥の溝施用のみの自根や共台では、特に春先の低温時には、なかなか伸びない。カボチャに接ぎ木して、メロンの全側枝や、台茎も一本残すことによって生育が盛んになり、根が早く溝の中の落ち葉堆肥まで到達する。

　一般に、最もシンク能が強いのは果実、なかでも種子であり、果実が肥大して種子の充実期になると、接ぎ木でなくても果実へ優先的に養分が配分され、根に回りづらくなる。接ぎ木部分では、メロンの葉で作られる糖のうち、分子量が大きいスタキオースが通過しにくいため、穂木と台木の品種の組み合わせによっては接ぎ木の直上部に、きのこ状の膨らみができる。メロン「真珠１００」などはこの症状を引き起こしやすい。

　接ぎ木で台葉がないと、カボチャの根は、いっそうの養分不足に陥り、自根よりも急性萎凋症を起こしやすくなる。そこで、カボチャの台葉を残すと、ここでできた光合成養分は、カボチャの根に適合しているため、根の生育がずっとよくなる。台葉があればクロダネカボチャでも不親和が回避できるのはこのためである。

さらに台果もつけてパワーアップ

　しかし、それでも台葉が急速に枯れ、続いてメロンの株全体が枯れてしまうことがある。これは、メロンの葉でできる養分だけでは足りなくなり、カボチャの葉でできる養分もメロンの果実・種子へ送られる結果、カボチャは養分が出ていくだけで入ってこなく

台木カボチャが急性萎凋症を防ぐ

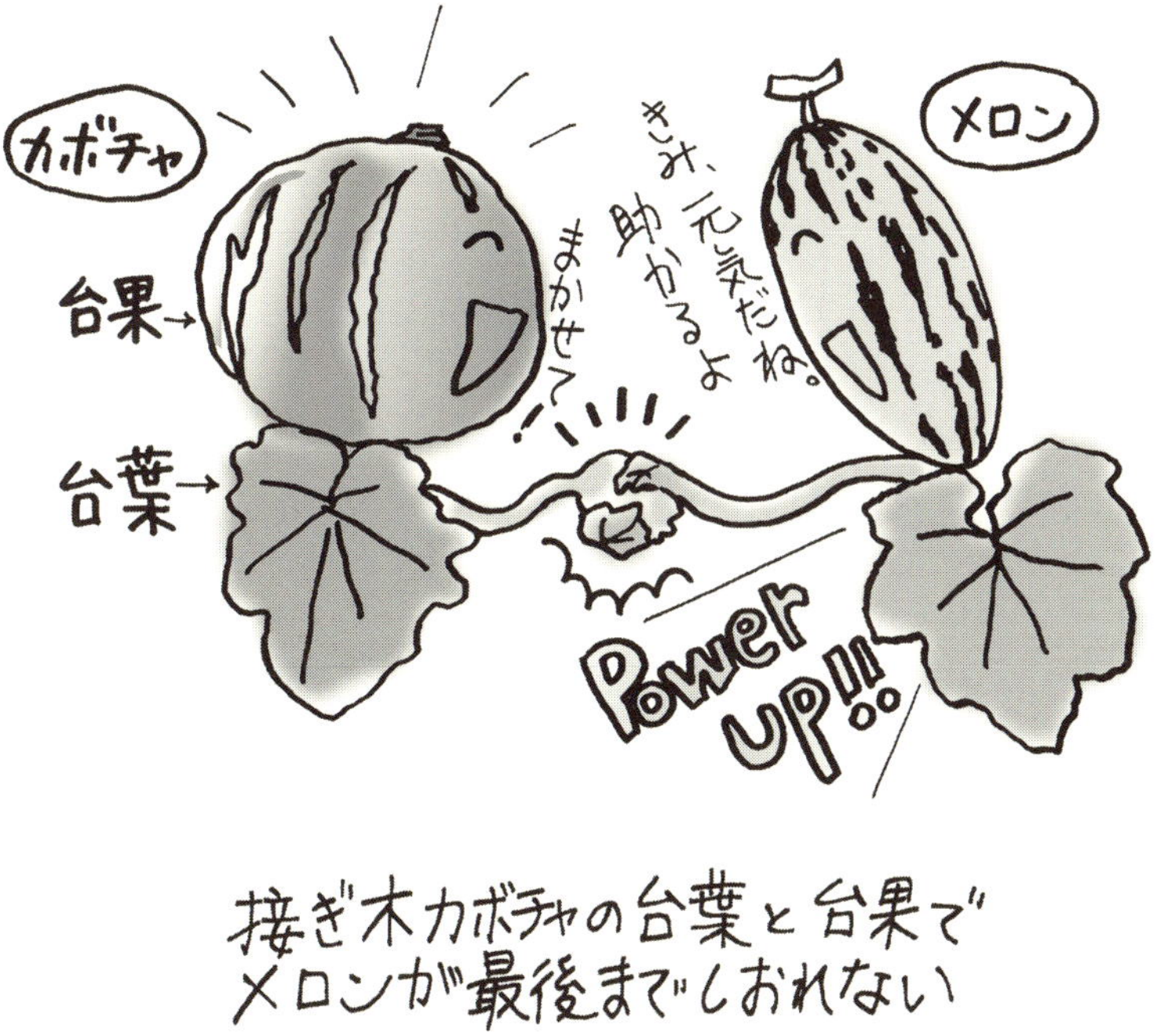
カボチャ
メロン
台果→
台葉→
きみ、元気だね。助かるよ
まかせて!!
Power up!!
接ぎ木カボチャの台葉と台果で
メロンが最後までしおれない

なるからである。

　ここでカボチャの果実が成れば、その種子はメロンの種子よりずっと大きく、シンク能も強いため、カボチャの果実に向けた養分の流れが確保される。そこにある葉にも栄養が行き届いて、カボチャの茎全体が守られる結果、根も枯れないで株が長持ちすることになる（図20）。

　もちろん、メロンが成る前にカボチャが成ってしまえば、メロンの葉でできる養分もカボチャ果実へ送られ、メロンが成らない。これでは本末転倒である。カボチャは、必要な数のメロンの着果肥大が確実になってから、すぐに着果させるようにする。遅れるともう着果力がなくなっていることもある。

　台葉を活かすことで、カボチャの根への養分は、台葉によって供給される。しかも台葉はハウスの外へ向かっ

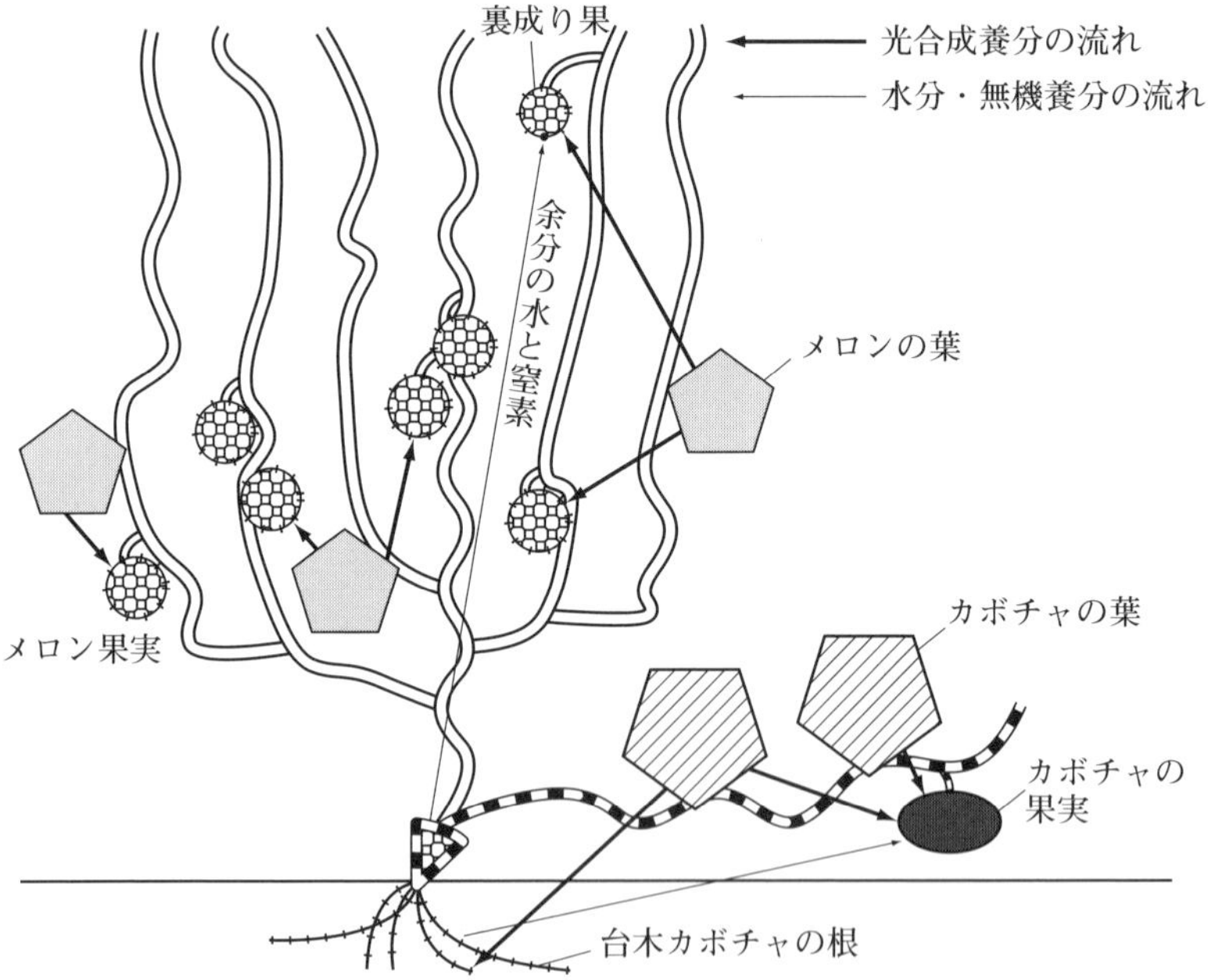

図 20　カボチャの台葉を伸ばし，台果をつけたときのメロンの養分の流れ

メロン栽培において，種子が充実する際，シンク能が強まり，根へ光合成養分がいかなくなりがちであるが，台葉（カボチャの葉）でできる糖が根へいく。また，台果（カボチャの果実）を成らせることにより，台葉でできる光合成養分をメロンに回さず，台葉そのものの活力も維持する
また以前は多本仕立ての生長点のほか，裏成り果が余分な窒素や水分を引っ張り上げて，品質低下を防いでくれていたが，台果をつけるようになってからは裏成り果はあまり成らなくなった。株全体の栄養バランスがとれたということである

て這い出し、ハウス屋根に降った雨が流れ落ちてしみ込むため、盛んに不定根を出して、ハウスの内外から無機養分を吸収する。こうなると光合成も盛んになり、メロンの葉でできた養分はもっぱら果実へ移行する。

　なお、台木のカボチャの根とメロンの自根の両方を活かす二本足にしたときのメロンの自根へも、双方の葉から養分が移行する。

常識にとらわれない台木の追究

●接ぎ木には「副作用」がある

野菜類の接ぎ木の目的は、主として土壌病害回避であり、そのほかに低温伸長性や、ブルームレスキュウリのように果実の品質を変える目的で台木を選ぶ場合もある。また、冬瓜に接ぎ木すると、メロンやスイカでは糖度が高く品質がよい果実が得られる。ただ、冬瓜は低温伸長性が劣るため、品質を維持しながら低温伸長性を高める技術開発が待たれる。

では接ぎ木の「副作用」ともいうべき問題点はどのようなものがあるだろうか。一般のカボチャ台木がNとKの吸収力が強いため、自根と同じ施肥では果実品質に影響することは知られている。このことと関連して、アブラムシやつる枯れ病など、体内N過剰の植物につきやすい病害虫も当然増加する。

「ブルームレス台木」のように、SiO_2を吸収しない特性を持った台木では、Si不足の植物体に寄生しやすい病害虫、うどんこ病やメイガ類の増加が当然予想される。逆に、うどんこ病抵抗性のカボチャに接ぎ木すれば、接ぎ木されたメロンやキュウリもうどんこ病にかかりにくくなることが予想される。

●自根を切らない「二本足」

こうした場合、自根を切るかどうかも問題になる。

つる割れ病や立枯れ性疫病、青枯病といった全身病害を防ぐ目的ならもちろん自根を切らなければならないが、ネコブセンチュウや、一部の根だけを侵す菌などに抵抗性を与える目的や、低温伸長性を高めるなどの場合には、自根を切らなくても、問題はない。むしろ、台木のみを侵す病害とか、カボチャでは乾燥に弱い欠点を補うためにも、自根も切らない「二本足」がよいときもある。

いっぽう、ブルームレス台木は、ブルームレス果実を得るためには自根を切らなければならない。実際、以前に、ブルームレス台木ではないが、非常に強勢の「剛力」というカボチャに接ぎ木されたメロンに、うどんこ病が大発生したことがある。

●同じ科の野草を台木に試用

私は台木に、同じ科の野草を試みている。カラスウリがメロンと完全に活着することを確認したし、イヌホオズキがトマトと問題なく活着することも確認した。ただ、イヌホオズキは、非常にアブラムシがつきやすく、真っ黒に縮んでしまうので、あまり実用性があるとは思えなかった。イヌホオズキは有毒植物だが、そのトマトの果実を食べたが味には問題なく、下痢もしなかった。アレチウリは低温伸長性があるので、冬作のキュウリに賞用された時期もあったが、土壌病害などの問題で現在はあまり使われていないようだ。

ナス科の接ぎ木の場合、台木はトマト、ナスなどにそれぞれの野生種が使われ、トマトにナスを接ぎ木するようなことはあまり行なわれていないようだ。これは台葉がないと不親和症状を起こすからなのだろうか。ウリ類でも、メロンでは共台が多く使われ、スイカはおもにユウガオ台で、共台も使われる。キュウリはカボチャ台が普通だが、もっと広く野生種を探索してもよいのではないかと思われる。

●台葉で接ぎ木の可能性が拡がる

台葉を活かすことで、可能な台木の幅は大きく広がる。私が今一番欲しいと思っているのは、ナミビア（南西アフリカ）にあるナラというウリ科植物だ。これは数十mも深く根を下ろし、極めて乾燥に強いという。これを台木として使用すれば、どのように乾燥するハウスにおいても、ウリ科野菜は灌水が要らないことになるだろう。

私は専門でないが、果樹の場合、台木の特性が樹形に大きく影響する。リンゴの矮台などがその典型だ。とすれば、同じバラ科の中で、比較的縁が遠くて従来台木として使われなかった植物であっても、台葉を伸ばすことによって、もっと異なる生育をする果樹が得られるかもしれない。「根接」という技術も果樹ではあるので、この活用も考えられる。

こう考えていくと、台葉（場合によっては台果も）の活用によって、接ぎ木の可能性はまだまだ大きいと研究成果に期待している。

播種から定植、着果まで

強勢なカボチャ台木に呼び接ぎ

四月播種の場合、踏床温床または電熱温床を用い、メロンを播種した二〜五日後に台木カボチャを播種する。台木カボチャの品種は、強勢で、低温伸長性、耐乾性が優れたものが望ましい。台葉を伸ばす関係で、ズッキーニや「つるなしやっこ」のように叢生する品種は適さない。市販の台木用では新土佐系が無難ではあるが、キュウリの台木に使われるブルームレス品種はケイ酸を吸収しないため、うどんこ病に弱く適さない。一般の食用の品種も概して草勢が弱く、適さない。

トルクメニスタンのパロウ種は、強勢で耐乾性強く、うどんこ病抵抗性を持つ。果実は大型で、ムースやスープ料理に向くが、日本人の好みに合った食味で、大きさも適切な果実が成る品種で、台木としての適性を持つものができれば、なお望ましい。

接ぎ木は呼び接ぎ木とする。タイミングは、メロンは子葉が展開直後から本葉が半開きになるまで、カボチャは子葉展開直後から本葉がのぞくくらいまで、いずれも若いほどよい。接ぎ木の際には台木の心はえぐり取るが、子葉節のいっぽうは残しておく。なお、接ぎ木後の遮光は通常必要ない。しおれるときでも、せいぜい白寒冷紗で二〜三日間遮光する程度で十分である。

カボチャ台木は呼び接ぎで（模式図）

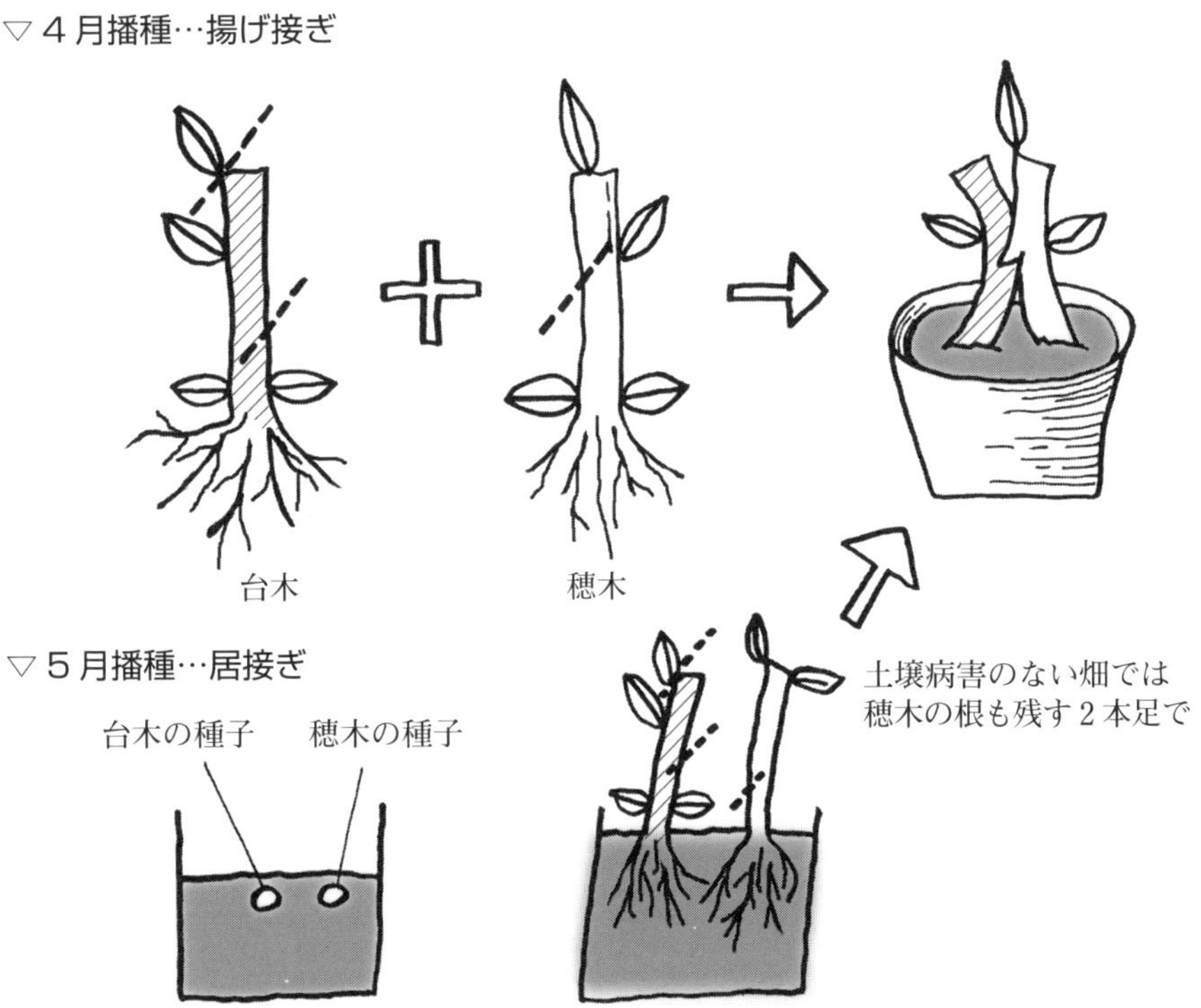
▽４月播種…揚げ接ぎ
台木
穂木
▽５月播種…居接ぎ
台木の種子
穂木の種子
土壌病害のない畑では
穂木の根も残す２本足で

その後、台葉がメロンにかぶさるときは、その台葉を除去する。

床土は一年以上熟成させた落ち葉堆肥が望ましい。

遅い播種では居接ぎの呼び接ぎ

五月上旬以降の播種では、移植に際して、特にメロンが土壌病害で枯れやすいため、一つのポットに台木とともに直播きして、居接ぎの呼び接ぎ木とする。播種は同時か、台木のカボチャを一〜二日遅くする。

居接ぎの接ぎ木作業は通常の揚げ接ぎ木よりややりづらいが、掘上げや植付けしなくてよいので、作業時間はそれほど変わらない。居接ぎの呼び接ぎ木なので遮光は不要である。その後の管理は揚げ接ぎ木の四月播種と同様で、台葉がメロンにかぶさるときはその台葉を除去する。

五月播種では、耐乾性を重視して、香りメロン「夏の思い出」を台木として接ぎ木することもある。この場合は、逆に台木を早く播種し、二〜三日後に穂木を播種すると接ぎ木しやすい。耐暑性を重視して冬瓜に接ぎ木するときも同様である。

これらの台木では、台葉を残さなくても急性萎凋症は出ないが、もし台果も収穫する場合は、カボチャ台と同様、台茎を地這いさせる。ただし「夏の思い出」は雨に弱いので、ハウス外へは這い出させないようにする。

いずれの播種期でも、自根を切るのは接ぎ木の二週間後とするが、土壌病害がない場合は自根を切らず、二本足でかまわない。

四〜五月に定植、八〜十月に収穫

わが家でのメロンの収穫時期は八月上旬〜十月上旬で、早い収穫時期の果実ほど品質が安定している。これは、収穫時期が遅くなると、日照時間が短くなり、秋霖の影響で病害が発生したりして糖度がのりにくいことがあるからである。

一般にメロンが多く出回る六〜七月には、まだ収穫できない。これは、当地が積雪地で、畑に入ることができるのが四月下旬からということに加えて、肥料としては落ち葉堆肥しか与えず、灌水ができない条件で、ゆっくり堅く育ち、疎植した畑を埋めるまでに時間がかかるからである。さらに夏の畝表面の高温防止と光合成促進、アブラムシ除けの目的で反射マルチを使用しているので、地温が低くなり、これも生育の遅れにつながっている。

こうしたことから、定植時期を早くしてもすぐ追いつかれる。五月下旬あたりに定植しても四月下旬定植のものよりあまり遅れることはない。しかし、さらに定植時期が遅れて六月下旬ともなると、苗床での病害虫の発生や、定植後のハウス内の高温など、困難が生じやすいので、五月二十日前後を定植目標にしている。

この栽培方法のメロンの場合、定植時期をずらしても収穫時期の分散にはつながりにくく、制限因子はもっぱら定植準備と落ち葉堆肥作りの労力である。

株間九〇〜一二〇cmで一条植え

ハウス幅五・四mの場合、中央畝は

台茎の扱いに困るので、畝数は二条とする。

トレンチャーで溝を二条掘り、ここへ桜が約半分含まれた落ち葉堆肥を二段施用する。一段目は溝長一八〇cm当たり一輪車一台（約二二kg）入れて溝全体に広げ、溝の両肩を鍬で切り崩したあと、二段目を溝長二七〇cm当たり一輪車一台入れる（計一〇a当たり約一〇t）。この上にトレンチャーで掘り上げた土で畝を立てる。溝は毎年同じところを掘るので、数年連作するうちに、畝部分は、落ち葉からできた極上の団粒構造を持った軽い土となる。

この栽培の最大の特徴は疎植多本仕立てであり、株間九〇～一二〇cmの一条植えとしている。栽植密度は一〇a当たり三〇九～四一二本、普通栽培の数分の一となる。

このため、本葉二枚程度の若苗定植で側枝をすべて伸ばしている。台茎は一本のみを地這いさせ、それ以外の台茎やメロンにかぶさる台葉は除去する。以前は摘心し、子葉節は止めるなどして、揃った側枝を立てることを心がけていたが、初期生育が不揃いな山間地では、むしろ放任して強い側枝をなるべく多く立てたほうが全体の生育が揃う。現在は長く伸びた側枝から順に吊り上げている。

下位節位の着花は早めに摘除

キュウリもそうだが、下位節位に成った果実は茎葉と競合し、生育を著しく抑制してしまう。メロンの場合、未熟果は漬物になるとはいうものの、キュウリより価値が低いため、着果しないうちに摘除する。特に、多本仕立てでは葉数が多いため、一本仕立てと比べて下位の雌花が着果しやすく、注意しないとすぐ大きくなってしまう。

ここでいう下位節位は、着果させると株全体の生育が著しく緩慢になるため、その株が占められる空間に対して、半分以下しか茎が伸びていないときに成った果実と考える。また、吊り上げても地表から離すことが困難な果実もそうである。下位の果実は、地面から離せない場合は病害虫に侵されやすいこともあり、見つけ次第除去する。

もし見落としていて大きくなってしまった場合は、取り除いてもなかなか生育が回復しないし、一挙に負担が軽くなって生長点へ窒素が流入し、アブラムシの多発を招くこともある。このため、ハクビシンの被害を防ぐための「防獣篭」（80ページ参照）を取り付けてから、果実の尻を吊り上げて、何とか地面から離すようにする。

側枝すべてが一m以上で着果

立てる予定の側枝すべてが一m以上になったら摘果をやめて着果させる。変形果や裂果しそうな果実など、出荷できない果実を摘果し、正常な果実は原則としてすべて残して収穫を目指す。果実が成らない株は、アブラムシやつる枯れ病、べと病などが出やすい傾向がある。これは果実へ流入すべき養分が茎葉に留まって、病害虫の格好の養分となるためである。

変形果の大半は、果実の片側が平らな「片膨れ果」で、その側の種子がないことが多い。裂果しそうな果実は、尻部にひびが入っていることが多い。青縞果もここから裂果することがある。

本成りの肥大が完成したのち、上位に裏成りが着果した場合も除去しない。余分な養水分の受け皿として残しておくことにより、大雨のあとの本成りの裂果や、肥大後期の果実への余分な窒素の流入による果肉の繊維質化を予防する。アブラムシやつる枯れ病などを予防することにも役立つ。ただし台果を成らせると、メロンの裏成りはあまり着果しなくなる。

裏成りは、本成り果の収穫後、株が健康なら、肥大・成熟して食味もよいものが採れる。果形は本成りより偏平になりやすい。

メロンが肥大したら台果を着果

普通、台木は子葉のみを残して本葉が出ないよう心をつぶすが、この栽培法では着果後の急性萎凋症を予防するため台葉、さらに台果をつける。そのため、いっぽうの子葉節を残し、台茎を出させる。台茎は生育がよく、すぐメロンの茎を圧倒し、大きな台葉はメロンを日陰にしてしまうので、台茎は最も長い一本だけを残し、メロンにかぶさる台葉は除去する。

台果は、メロンの必要数の着果肥大が確認されたらすぐに一株一果成らせる。台果をつけるのが早すぎるとメロンが成らなくなってしまうが、逆に台果の着果が遅れるとカボチャの雌花がつかなくなったり、落花したりして、台果がない状態になってしまう。すると、当初は台果がある株よりメロンが多く枝を伸ばし、着果数も多く、よさそうに見えるが、メロンの成熟が進むにつれて元気がなくなり、結局株ごと枯れてしまうことになりがちである。

台果の着果の調整がこの栽培で最も難しいところである。カボチャの交配自体は、野生のマルハナバチが好む花なので問題ない。毎日畑を見回って、着果したカボチャの幼果と、その株のメロンの着果・肥大状況を見比べて、その台果を残すかどうかを決める。台果一個が確実に着果肥大していることが確認されたら、その株の二個目以降の台果は、蕾の段階から摘除する。

土壌病害の心配がなく、低温や少肥対応で接ぎ木する場合は、自根を切らないほうがよい結果が出る。

誘引ひも、テープの種類と用途

私はトマトの誘引にはジュートのバインダーひも、メロンの誘引には反射テープをおもに使っている。またハウスを止めるには黒色のマイカ線、ハウスバンド、インゲンなどのネットを張ったりするのにはマイカ線と同じ幅だが、より軽量のポリベルなどの商品名のものを使っている。

●トマトの誘引にバインダーひも

大別して、青色のビニール製、わら色のジュート製、サイザル麻製がある。ビニール製は安価で、軽く、二年使用でき、水にも強い。しかし自然に分解しないので、トマトの残茎を山林に廃棄するときは、トマトから外さなければならない。

ジュート製は、水に弱く、長期間吸水させると切れやすくなるし、自由にぶら下げておくとよじれが解けてバラバラになってしまうが、自然に腐るもので山に捨てられるのが利点である。サイザル麻製は、硬くて手に刺さる感じで、太さも一定しない。丈夫であるが、破片が肌にちくちくするし、高価なだけで有利な点が特にないので使っていない。

●メロンの誘引に反射テープ

いっぽう、メロンの誘引には現在は平巻きの反射テープを使い四年程度持たせる。下は針金をステッキ状にして地面に突き刺し反射テープを固定、メロンをこれに巻きつかせる。こうすると片づけるとき、茎をはずすのが容易だ。最近は、反射テープの代わりに、赤と銀の防鳥テープを使うことが増えてきた。これは安価で、薄くて細いがメロンの誘引に支障はなく、二年間は使える。

●メロンの玉吊りに色分けテープ

メロンの玉吊りは、収穫の目安のために色分けする必要があることから、ポリテープを使っている。ポリテープには平巻き（レコード巻き）と篭巻きがあるが、篭巻きのほうが、風を孕まず果実の揺れがないし、日陰にもなりにくいなど優れている。ただ、軽いもやもやした材質のものが一部のホームセンターで売られており、日光で劣化しやすいため避けるようにしている。

色は、赤、紫、青、緑、黄緑、黄、白、それに銀鼠色である。このうち、赤い色素は日光で褪せやすいため、赤は白と、紫は青と、区別しにくくなる。順番は本人が決めればよく、およそ一週間おきでおおむねの区別はつくが、もっと間隔を狭くすればより正確を期すことができる。色分けをしないと、収穫のたびに、まだまだ収穫まで間がある果実まで香りなどを調べねばならず、大変労力がかかる。

防獣篭がないときは、ポリに吸湿性がないため、雨年などでは、果梗に引っかけた部分が、灰色かび病に侵されたりしたが、防獣篭をポリひもで吊るようになってからはその心配もなくなった。果梗と反対側部分を吊ることにより果梗に負担をかけず、離層から墜落することもなくなった。

病害、野生動物被害の対策

つる枯れ病治療は土塗り法で

■ダメージが大きく、治療が先決

地際、特に子葉近辺に、つる枯れ病がつくことがある。メロンでは最も出やすい病害である。品種により抵抗性に差があり、露地栽培されているシロウリ、マクワウリ、縞瓜などは強く、アールスなど温室メロンは概して弱い。中央アジアのメロンも弱いものが多い。ハネデューなどのウィンターメロンも弱い。

多本仕立てでは、分岐点より下がつる枯れ病になると全部枯れてしまう。治癒の見込みがなければ、生きているうちに、上位の側枝と台茎を呼び接ぎ木（復縁接ぎ木。隣の台茎と接ぐ場合は浮気接ぎ木）して、完全に枯死するのを防止するが、それでもダメージは非常に大きく、まず治療することが先決である。

この対策として、最も出やすい地際〜子葉に薬剤を塗布することが行なわれてきた。薬剤は最も強力なものとして有機砒素剤アソジン、一般的にはトップジンMが最も多く使われ、これが効かなくなるとロブラールなどの水和剤を水で練って使用した。前二者はペースト剤として使われるが、トップジンMは普通に使われる水和剤を水で練って使うようになった。しかし、水和剤は空中に舞い上がり、吸い込んで肺に有害である。

■患部を削り、乾いた土を塗る

私も長らく予防的に接ぎ木部分などに塗布、治療目的でも塗布してきたが、あるときリンゴの「土塗り法」にヒントを得て、畑の土を塗ってみたところ効果があった。「これなら有機栽培でも使える。何より農薬を買わなくてもすむ」というわけで以後、土専門に塗るようになった。

治癒に着手するか、あきらめて次善の策である接ぎ木を行なうかは、患部の状況を見て判断する。茎が飴色に変色し、湿った状態でつる枯れ病とわかるが、手遅れと判断する目安は、茎が細く、表面が枯れ、中央の導管一本でつながっているような状態である。

つる枯れ病治療の土塗り法は、患部に土を塗ることによって治療する方法

つる枯れ病治療に土塗り法

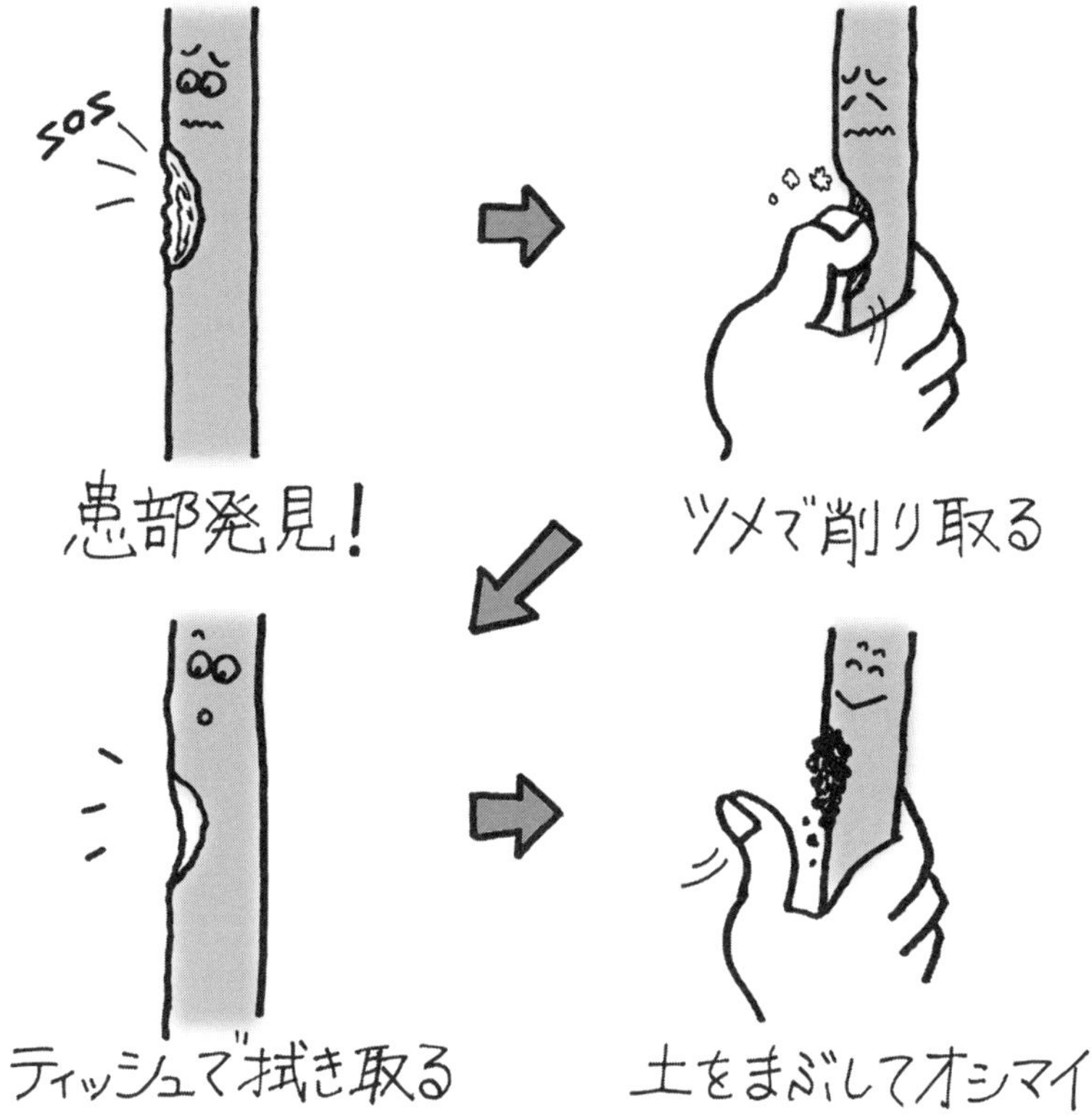
SOS
患部発見！
ツメで削り取る
ティッシュで拭き取る
土をまぶしてオシマイ

である。治療可能と判断したら、患部の変色している部分だけをツメなどでていねいに削り取り、ちり紙で拭き取って、その部分にその場の乾いた土を指で患部に塗る。当初は水和剤同様水で練って使っていたが、乾くとひび割れして落ちて面倒なので、その場の乾いた土を患部にまぶすだけになった。これでも十分効果がある。水で練る必要はない。

■重症なら復縁接ぎ木、浮気接ぎ木も

作業は水和剤を塗るのに似ているが、決定的な違いは治療専用であり、予防には使えないことだ。これは、原理が土壌の「静菌作用」によるものであり、土壌中の微生物が、その場に大量に存在するつる枯れ病菌を餌にして増えることによる。

したがって、たとえば加熱消毒した

土は効果がないし、深層から掘り出した土なども微生物が少なく効果があまりない。腐葉土を含む肥沃な土が効果が高い。雨に当たると土は流れてしまうので、ハウス栽培で有効な技術である。薬剤と違い、耐性菌の恐れもない。

変色している部分が残っていると、その部分より奥へ土が入らず、内側で病原菌が増殖を続けるので注意する。逆に健全な部分まで削ると、ここへ新たに病原菌が侵入するので注意する。患部の両側は、土がつきにくいこともあって再発しやすいので、この部分の変色に注意する。再度処理するとだいたい治癒する。

患部の中程から再び湿ってきたときは重症で、再度処理するとともに、最悪の事態に備え、復縁接ぎ木も実施しておく。復縁接ぎ木ないし浮気接ぎ木は、よく切れるカミソリを準備し、メロンの茎の先端で接ぎ木可能な太さがあるところと、同じ太さのカボチャの茎の先端を合わせ、カボチャはその先一葉残して止め、作業の邪魔になるカボチャの葉も除去する。ここを呼び接ぎ木して、メロン側からクリップで挟む。

一〇〇円ショップの鉄製篭で防獣篭

私が住む地方にはハクビシンが多く、トウモロコシやスイカに大きな被害が出ている。ハウス内にも、ハクビシンがちょっとした隙間などを押し広げて侵入する。高いところに成っているメロンも、誘引テープとメロンの茎を伝って葉をしごき落として登り、食べてしまう（図21）。

これに対して、私の高校の同級生、川村直美さんが考案した「防獣篭」が完璧に防止効果があり、メロン栽培に欠かせないものとなっている（図22、図23）。この篭は一〇〇円ショップで売っていたもので、同じ形状のもの二個でメロンを挟み、短い鉄片で止め、メロンの尻部から篭ごと吊り上げる。

この副次的効果として、離層ができるメロン品種は墜落が防止でき、また吊り上げるひもが果梗に食い込んで切れて落果することも予防できる。網目

図21　ハクビシンによるメロンの食害

が細かい篭は、ウリノメイガが果実に産卵するのも抑制できる。ただし、いったん産卵されてしまうと、孵化した幼虫を小鳥やスズメバチが捕食するのも阻むため、害虫の家になってしまうので注意する。

　また、網目が大きい篭にはハツカネズミが入るので、ある程度密な網目が必要である。網目のメッシュは四〜九mm程度がよい。これより細かいと丈夫な材料では通気不良となり、これより粗いと害虫などが入りやすい。また網の材質が軟らかいとハクビシンが噛みつぶして汁をなめるので、硬いほうがよい。

図 22　横長のメロンには横長の篭というように果形に合わせて篭も替える

図 23　100 円ショップで買った鉄製の篭 2 個でメロンを挟む。篭の外から熟期を確認

イノシシ、シカ、サル以外にも

近年、イノシシ、シカ、サルが三大害獣といわれるが、ほかにも多くの害獣がいる。

●種子を食べるハツカネズミ

最も小さい害獣だが、その害は馬鹿にならない。まず、イチゴの種子を食べる。イチゴの種子の皮を一つ一つ割って、中を食べる。その速度はかなり速く、数匹いればかなりのイチゴが販売できなくなってしまう。

また、せっかく播種したメロン、カボチャ、キュウリなどのウリ類の種子も同様に食べるし、トマトやナスなどは発芽してから子葉を食べる。こうした種子は一粒数十円もする。そして量が少ないから一匹でたちまち数千円分、数万円分を食べてしまう。小さいといっても馬鹿にできない理由はここにある。

捕まえるには、パチンコと呼ばれる捕獲器が有効だが、根絶は難しい。

●クマネズミとドブネズミ

クマネズミは屋根裏を好み、ドブネズミは床下などにもすむが、これらのネズミもイチゴを食害する。ただしハツカネズミと違い、果実をまるごと食べる。粘着式鼠取りや篭式鼠取りも有効だが、一匹かかると、捕獲手口を覚えられてそのあとがなかなか捕れない。

カボチャの種子や、双葉段階でも食べるので、播種をやり直さなければならず、すべての作業が遅れて減収につながってしまう。予防するには、播種箱を目の細かい金網で覆うのが最も効果的。ほかに、ハウスに野良猫がすみ着くと被害がなかった例もある。

●ハクビシンとタヌキ

いずれも農家は「マミ」といって、アナグマとも混同している。タヌキはムジナともいい、アナグマはササグマともいうが、タヌキとハクビシンの食性は少し違う。タヌキは雑食性で、悪食なので、たとえばカボチャやメロンの未熟果も食べる。このため、次の雌花が咲くまで着果が遅れ、収穫も遅れ、大幅な減収につながる。未熟果は小さいので一匹が多数食べるため、被害も大きい。

ハクビシンはグルメ。メロンやスイカも甘くならないと食べない。このため収穫間際に食べられて、一巻の終わりとなる。カボチャは未熟、完熟ともに食べない。このため、ハクビシンを防ぐには、収穫の一週間程度前からメロンに篭をつければ間に合うが、タヌキを防ぐには、ピンポン玉より大きくなればすぐに篭をつけなければならず、長期間篭をつけることから使い回ししにくく、多数の防獣篭を用意しなければならない。

トウモロコシは、ハクビシンのほかに、クマやカラスもねらっている。ハクビシンやカラスは、金網をトウモロコシに巻きつければ防げるが、クマは稈を倒して、金網を引きちぎって食べてしまう。

こうした大型の動物は、トラバサミなどの捕獲器具が有効な場合もあるが、法律的な制限があるので、予防に力をいれるしかない。ハウス内に犬をつないでおくとタヌキやハクビシンには効果があるし、メロンの防獣篭のような予防器具を用いることが最も確実といえる。

中央アジアの品種を活かす

多本仕立てに向くメロンの品種とはどのような特性を持っているのだろうか。果実が大きくなりすぎると kg 単価が低下する天恵や、エチレン発生で後続の果実まで早期成熟してしまうアールス東海H60（多くの純粋アールス系も同様か）などは不適である（表6）。果実が比較的小さく、着果がよい品種、マクワウリに近い生態を持ったパパイヤなどの品種は、多数の良好な果実が収穫できる。

私は中央アジアのトルクメニスタンのメロンを日本のメロンと交配させ、多本仕立てに向く品種を育成している。経緯も含めて紹介する。

表6　多本仕立てに向く品種の検討（1983）

播種日	品種	位置	平均収穫日	1株当たり着果数	1果重(g)	ネット密度	糖度(BX)	備考
5. 7	東海H60	外	9.15	7.80	1,586	2.38	11.9	果実間の差大
		内	20	5.25	1,510	4.00	12.8	
	サファイア	外	27	5.50	2,521	3.91	13.8	
		内	28	6.80	1,371	4.53	13.6	
	真珠100	外	19	10.00	2,340	3.78	13.3	
		内	14	8.80	1,572	4.27	13.3	
	ボレロ	外	22	8.20	1,452	1.88	12.6	早期枯上り
		内	25	6.00	1,304	4.33	17.0	
	東宝	外	16	7.60	1,962	2.84	12.5	
		内	15	8.75	1,411	4.26	14.2	
	天恵	外	14	6.25	2,390	4.48	13.9	裂果多い
		内	15	7.20	1,978	4.33	14.5	
	ノーブル	外	20	9.40	1,408	3.49	13.6	日焼け多い
		内	19	9.80	1,325	4.47	14.4	
6.22	東海H60	内	11. 4	5.30	1,296	4.50	13.2	
	サファイア	〃	10.31	4.50	1,614	5.00	13.3	
	真珠100	〃	27	6.10	1,561	4.90	13.8	
	ボレロ	〃	30	4.90	988	4.90	13.7	
	東宝	〃	27	6.00	1,633	4.90	15.0	
	ノーブル	〃	30	6.60	1,624	4.90	14.6	

トルクメニスタンで採集・採種

私は一九九五、九六、九八年に観光でトルクメニスタン東部のチャルジョウ（現在はトルクメナバードと改名）市を訪問し、いろいろなメロンを採集・採種した。街のいたるところにメロンが積み上げられ、一kg当たり三〇～五〇円と非常に安く、さまざまな品種があった（図24）。栽培の現場も訪問し、オンシツコナジラミに悩む大規模農場や、一カ所に三種三粒ずつ播種して毎年雑種ができているという「自然農法」農場を見学した。

図24　チャルジョウのバザールでメロンを売る少女たち

糖度が常に二〇度に上がる非常に甘い「白いグリャビ」や、みずみずしく香り高いバハルマン、早生で赤肉、弾力がある肉質の「狼頭」など、どれも日本では見られない珍しい品種である（図25）。

温州ミカンくらいの大きさと形で花落ちに出べそがあり、果肉はパサパサで苦みもあり食べられないが、とてもよい香りの「夏の思い出（Mazy）」は、根が非常に多くて乾燥に強い原種であった。現地ではこの品種を便所に置いて芳香剤として、また子供のおもちゃとして使われている。これを台木に使えば無灌水栽培も容易だろうし、揚げ床栽培では灌水労力を大幅に減らせるかもしれない。

過繁茂で着果不良、糖度も低いが

これらの品種を持ち帰り、成田の検疫を通したのち、国内の種苗業者や、農業試験場などへ送った。しかし大部分の場所では「大きくなるが糖度が低い」「地這い栽培では過繁茂になり着果不良」など、「よくできた」と連絡してくれたのはわずかに静岡県の試験場のみであった。こうした原因は、いずれも日本の他のメロンと同じく、多肥、多灌水、密植一本仕立て（地這いでは二本仕立て）などの栽培方法にあったと思われる。

日本の畑は水分が多いので、地這いでは不定根が多く発生して、水分や無機養分を多く吸収して過繁茂になる上、トルクメニスタンより日照量が少ないため、着果しにくくなったものと思われる。また、立作り一本仕立てでは、大果になるこれらの品種には葉面積が不足し、若い葉がないので、本葉の老化とともに果実も糖がのらないうちに成熟してしまうと思われる。

図25　トルクメニスタンのいろいろなメロン品種
球型のメロンが「狼頭」

二〇〇六年、私はトルクメニスタンで落ち葉のみの穴肥でいろいろなメロンを栽培してみた。その結果、同国原産のバハルマンは着果せず、ザムチャは低糖度に終わったのに対し、私が日本から持っていった福島県会津の真渡瓜や縞瓜とバハルマンの交配種の中には高品質多収となるもの（アナウ114など）がいくつかあった。同国でも、これほどの乾燥・少肥条件では作られていないからであろう。

疎植多本仕立てと溝施肥に向く

さて、トルクメニスタンから持ち帰ったメロン品種が、各地の試験場で成果を上げることができなかった原因を、栽培法のミスマッチと考えた私は、それまで日本のネットメロンを使った試験結果から、溝施肥・疎植多本仕立てで栽培した。その結果、極早生のザムチャでは糖度が低く終わったが、早生のバハルマンでは糖度が高く、日本のメロンにない香りとみずみずしさで、とてもおいしいメロンを成らせることに成功した（図26）。

しかし、溝施肥・疎植多本仕立てが適するとしても、トルクメニスタンの原種にとって、やはり日本の夏の湿度は高すぎ、つる枯れ病、うどんこ病などの病害が出やすいこと、果実が大きすぎて日本の核家族では使い切れないことなどから、日本の品種と交配して実用化をはかろうとした。

当初は、ネットメロンと交配してみた。雑種第一代は良好だったが、第二

図26　日本で栽培したトルクメニスタンのメロン

代にはなぜかアルコール発酵しやすいものが多かった。これは、トルクメニスタンの品種同様、雑種は種子が大きくなりやすく、果実は両親の中間の性質で原種のように潤沢に養分を種子に供給できないため、その分を果肉の発酵で調達するからではないかと推測された。また、CMVにもかかりやすかった。

日本の品種と交配し育種改良

よい系統が得られないでいたところ、偶然、自宅で在来銀マクワウリの真渡瓜とアンデスメロン雑種後代の、「山都瓜」とバハルマンとの雑種ができた。両親のいずれよりも収量、糖度が高く安定していたので、これを「飯豊メロン」と命名し、栽培した。

しかし、この最初のF_1飯豊メロンは、香りがなく、甘味が単純で、原種のバハルマンのみずみずしさがやや足りない感じであった。そこで、これを固定し、小型化したものを「深山瓜」と命名した。これと、またバハルマンを交配し、第二次飯豊メロンとして、固定化をはかった。なお、真渡瓜、山都瓜、深山瓜はいずれもCMV抵抗性を持っており、理化学研究所の吉岡啓子研究員、東京農大の夏秋啓子教授によって機構が解明された。

二〇〇五～〇六年、私はトルクメニスタン農業科学研究所で、日本から持ってきた日本とトルクメニスタンのメロンの交配種を栽培し、ずば抜けた高収量、高糖度の「アナウ114」を選抜した。この系統は狼頭、グリャビ、バハルマン、山都瓜、喜多方縞瓜などの血を引いていると思われ、糖度が安定して二〇度になり、香りがよく肉質が緻密で、ワタアブラムシがつかないという画期的な特徴も備えている。

肉質も良好で、固定種であることから、F_1の片親としても使うことができ、極めて有望と考えられる。後述する「夏の思い出」とのF_1は、大きさが夏の思い出よりやや大きく、やはり出べそがあり、肉質良好で甘味も強いのだが、果実の上部に軽い苦みがある。

育種親として有望な品種もある

中央アジアに広く分布するこのメロン「夏の思い出」は、橙色に海老茶色の縦縞があって非常によい香りがある。

大きな特徴は根が非常に発達していることで、乾燥に極めて強い。逆に、じょうろで灌水すると、葉に炭疽病がつきやすいなど、雨に弱く、日本では露地で栽培しても収穫間際に枯れてしまい、香りが出ない。アブラムシはつきやすいが、CMVには強い。雌花はほかのメロンと異なり、雌しべが突き出て広がり、雄しべが短く、他花受粉しやすい形をしている。

乾燥に強い根を持っていることから、食用メロンの台木として接ぎ木に用い、乾燥する畑や揚げ床栽培に使えば、灌水労力が大幅に節減されると思われる。

これと他のメロンを交配すると、雑種は、大きさは中間から小さめのものが多く出るが、すばらしい香りが残るうえに、苦みは少なく、肉質がしまって食感が非常によいものが多く出る。核家族化にともない、小さいメロンが好まれるようになれば、有力な育種親となるだろう。

もちろん、生きたインテリアとして、便所、自動車、勉強机などに置いて香りを楽しみ、しゃれた贈答品などの用途も開発できるのではないだろうか。

トルクメニスタンの動植物

トルクメニスタンの緯度は日本の本州中部から北海道南部に相当するが、気候は乾燥し、年間降水量は首都のアシガバードで二五〇mm程度と日本の五分の一～六分の一。東部はやや多く、南のイラン国境沿いの山脈ではさらに増える。降雨期は晩秋から春で、三月が最も多い。夏は極めて乾燥し、稀にしか雨が降らない。気温は冬は寒く雪も降る。

このため、草本植物は三月に萌芽し、三月下旬から五月にかけていっせいに開花する。花の種類はかなり多く、フリージアに似た紫色の花は最もポピュラーなものだが、根を掘ると非常に深く、夏に乾燥する地表に出ないように守られている。

●ケシからムギ、コブラまで

五月上旬になると、いたるところにケシが鮮やかな赤色の花を開く。野原一面見渡す限り真っ赤に染まるほどで、道路沿いにも広がっている。このケシのケシ坊主は小さいが、麻薬の阿片が採れるという。ソ連崩壊後、隣接するアフガニスタンから大量の麻薬が流入し、トルクメニスタンでも中毒患者が増加しているという。この麻薬を採るケシとは品種が違うが、患者が苦し紛れに野草からも採取している可能性は否定できない。

道路沿いに多いのは麦の仲間だ。そのなかでもオオムギが非常に多い。肥料がないため、日本のオオムギより背が低いが、外見はそっくりで、十分使えそうだ。

コムギ畑には、教科書に載っている「二粒系コムギ」がコムギと混ざって生えている。コムギよりひょろひょろしているが、ちゃんと熟する。この麦は、上から二粒ずつ黒くなって脱粒するため、畑から根絶するのは難しい。精麦の際、多少混合するのは防げないのではないか。

山道には、二粒系のほか、これも教科書に載っている一粒系や、タルホコムギも生えており、栽培コムギが生まれた親たちがすべて揃っている。

この国の野生動物は、日本と比べ、爬虫類が目立つ。甲羅の長さ二五cmほどの陸亀、全長三〇cmほどの頭の大きなトカゲは道路際の石の上でよく見かける。図鑑で見た、七〇cmほどもある太ったドクトカゲらしきものも見た。一番驚いたのは、道を歩いていたら、コブラが現われ、頸をふくらませて威嚇してきたことだ。驚いて逃げ帰ったが、二度と同じ道を通る気がしなくなった。

●日本で見られない野菜たち

トルクメニスタンの野菜のうち、日本で見られないものをここで書いてみたい。

【ピックルキュウリ】 日本でも名前だけは知られているが、店先で見かけることはほとんどない、短いキュウリである。形はラグビーボールに似て、イボは大きいものや細かいものがある。肉質は日本のキュウリより緻密で弾力があり、良好。大きさは日本のキュウリと同じかやや細いくらいが収穫適期で、そのときの長さは八cmくらい。完熟しても日本のキュウリの完熟したものより食味が良好で、あんかけなどに使える。べと病などに弱く、日本では他のキュウリより早く枯れ上がってしまうのが欠点。

【パロウカボチャ】 moschata種で、日本のバターナッツに似るが大型。「鹿ヶ谷」のちりめんがないものと考えればよい。非常に多収で、日本の食用カボチャの二～三倍の収量が上がる。食味は淡白で、ムースにしたり、スープに入れるとおいしい。乾燥に強く、現地では作りやすいと見えて市場のカボチャの八割はこの品種である。ひょうたん形の上の部分には種子がなく、下に種子が入っているので、買うときには頭でっかちのものが得である。

【ダッシュカボチャ】 pepo種で、そうめんカボチャ、ズッキーニと同種である。橙色に緑（完熟すると朱色になる）の縦縞が入る。葉は五裂し、茎と葉には鋭い棘がある。果皮は非常に硬く、肉質は冬瓜に似て、一般のカボチャとはまったく異なる。挽き肉詰めあんかけ料理などに向く。草勢は日本のカボチャよりかなり強い。

【ハイワンカボチャ】 maxima種で、非常に大型になり、昨年も二〇kgのものが収穫できた。果皮は硬く、日本のmaxima種と異なり容易には食べられない。日持ちがよく、翌年の三月まで保存できる。食味は三種の中では日本のカボチャに最も近いが、やや水っぽい。パロウやダッシュより乾燥に弱く、現地では作りにくいと見えて、パロウより高価である。

【オクラ（バーミヤ）】 日本のオクラに似ているが、莢は短く太く、色はやや黒ずみ、かなり硬い。成りが少ない。普通の野菜としては日本のオクラよりずっと劣るが、粘りが強く食味が濃厚なので、強精剤的用途があるかもしれない。

【ササゲの一種】 乳白色に黒い目があり、パンダのような感じで種子は四角っぽい。大きさは小豆くらい。草姿は小豆に似るが、草勢が強く、つるはインゲンより太く斜めに上がる性質を持つ。長日で開花せず、九月から収穫が始まる。莢は真っすぐで、一莢に一〇粒前後入る。現地では最も安価な豆である。日本で作るとゾウムシの一種がつきやすい。若莢をゆでてもおいしく、豆は小豆と同じように餡にできる。

【紫フジマメ】 草勢はつるありインゲンにそっくり。葉、茎、莢が濃い赤紫色、花は美しい桃赤色で、スィートピーのように房状に咲く。種子は真っ黒で、目が白く美しい。未熟種子は褐色で、完熟種子より大きい。莢は非常に筋っぽく食用に適さない。種子は未熟の時にエダマメのように食べるか、味噌汁などの実にしてもよい。低温では生育が遅いが、乾燥に強く、インゲンよりだいぶ適温が高いと思われる。日本ではセンゴクマメの異名をとるほど多収である。

【リーハン】 トルクメニスタンの料理には、必ず添えてある、バジルにそっくりなシソ科の植物だが、香りはまったく異なり、ターメリックにやや似た「きな臭い」香りがする。生育はバジルに似るが、乾燥には強くなく、雨にも弱いので、ハウス内の半日陰の部分に植えるとよい。

【イチゴ】 五月には、日本でかつて作られていた「ダナー」に似た、甘味と酸味があるおいしい品種など数品種が出る。山沿いの比較的雨が多いところで作られているらしい。八月にもイチゴが市場に出回っている。これは外観は小さく、飯豊山等に野生するノウゴウイチゴを少し大きくしたようなもので、味も粉質気味であまりよくないが、八月に出るのは日本でも珍しい。山の上で作られているらしい。

【桑の実】 これは果樹に分類されるのであろうが、バザールではイチゴに似た扱いである。同国では中国の指導で養蚕に力を入れており、副産物として収穫されるらしい。山都の私の畑にも桑の木が自生していて六月に実が成るが、木によって大きさ、形、味、収量などがかなり違う。トルクメニスタンのバザールで売られているものは大きめで、食味もよく、需要もけっこうあるらしい。

第4章

溝施肥による肥培管理

全層施肥との違い

深い溝を掘り、堆肥を入れる

溝施肥の目的は、苗が養分を最も必要とする着果期以降に養分が効くよう、根がその頃届く位置に堆肥を施用すること、無灌水ハウスの表面が乾燥しても、まとまって施用された堆肥中には水分が貯えられること、通路部分は耕さず、その下の土壌構造を維持して根への通気性を保つこと、などである。

ベッドとなる畝の部分にトレンチャーで溝を掘り、その溝に堆肥を入れたら、両側の硬い土を鍬で切り崩して堆肥を覆ったあと、掘り上げた細かい土で畝を作る。図27が溝施肥のやり方である。

メロンで使う落ち葉堆肥は、掘り上げた土より空気をいっそう多く含み、時間が経つと数分の一につぶれるので、栽培期間中にベッドが沈み込んでしまう。そのため、堆肥を入れる作業を二回繰り返して二段施肥とする。また、中間に入れる土は溝の壁の部分を崩して用いるが、これは、掘り上げた土では空気を多く含み、つぶれて沈むので、それを防ぐため、機械で掘っていないゴロゴロした土を間に入れて「つっぱり」をかけるためである。

トマトで使う牛糞堆肥は一段施肥で問題ない。溝に入れる際にこぼれたものが「根付肥」の役割を果たす。

溝施肥と不耕起通路を縞状に配置

トレンチャーは、バックホーと違って、掘り上げる土が細かく粉砕されている。この掘り上げた土が水を含んだのちに押しつぶされると、単粒構造で固まり、通気性がなく、最悪である。こうならないように、溝の底に堆肥を入れたら、掘り上げたフワフワの土をすぐには戻さず、まず溝の肩を鍬で切り崩し、ゴロゴロした土を溝に入れてから、フワフワの土で畝立てするようにしている。もちろん、畝の上に乗ると土を固めてしまうので注意が必要である。

トレンチャーで掘った溝部分は刃の幅と同じで三〇～四〇cm、鍬で切り崩す両側の幅を合わせても一m以下である。間口五・四mのハウスでは、二条で三・四m、三条で二・四mは手つか

大雨・干ばつに強い二重（シマシマ）構造

どちらもOK！
あれ？おかしいな…
通路下
不耕起構造で
通気性が
保たれているので，
大雨に強い
溝施肥
堆肥で水分が
保たれているので，
干ばつに強い

ずとなる。これは、パイプ際と通路に分割されるが、パイプ際には野草帯ができるし、通路の真下は不耕起なので頻繁に人が歩いても耕盤ができず、作物の根は通路の下にも障害なく伸びることができる。

溝に入れた堆肥は水分を貯えるため、干ばつのときも、特に砂質土のように乾燥しやすい土壌でも、ハウスでトマトなどを無灌水で栽培できる。いっぽう、大雨のときは、溝へ水が抜けるため、通路下の土が過湿にならず、ここに分布している根が働く。

■連作障害なし、土壌診断も無意味

多くの作物は連作障害があるといわれているが、溝施肥ではほとんど経験していない。これは次のような理由が考えられる。

① 畝（ベッド）の部分だけをトレンチャーで部分耕。溝は，深さ 40cm，幅 40cm

② 落ち葉堆肥を一輪車で運び，溝に入れてから，ならす

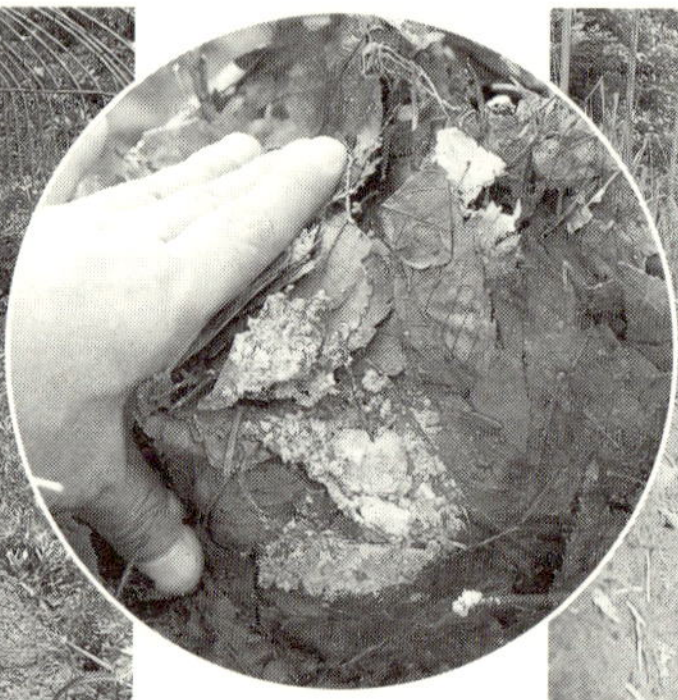

落ち葉堆肥
桜の落ち葉を素材にした堆肥。クマリンが多く，殺菌力がある

③ 溝のまわりの壁を削りながら土をかぶせる。このあと，もう一段落ち葉も入れる

図 27　落ち葉堆肥の溝施肥のやり方

①毎年大量の堆肥を入れるので、養分欠乏にならない。②毎年、深い層から前年入れた堆肥を含めて土を掘り出すため、前年までに入れた堆肥と土壌が均一に混合し、土壌微生物の生育に好適となり、土壌病害の発生が抑制される。③一般のロータリー耕と比べて、地表の土が深層の土で希釈されるため、自家中毒の原因となる毒物も希釈され、分解も早まる。

二〇〇八年に、トマトを前年栽培した畝にそのまま植えたところ、極めて生育が悪く、最後まで回復しなかったことから、まったく土を動かさないと連作障害が発生すると考えられる。

また、一般の土壌診断は「圃場の四隅と中央の計五カ所から土を採取し、均一に混合して成分含量を調べる」といった手法がとられている。これは土壌の化学性についてで、物理性については「検土杖」で垂直の土壌構造を調べる。化学分析の結果、欠乏しているものを化学肥料で補うのが、従来のやり方であった。

私のやり方だと、物理性については、通路の土の性質を調べることや、深い層が砂利でないことなどを知るうえで有意義であるが、化学性については、基本的には堆肥のなかに必要な養分はすべて含まれているので、調査してもあまり意味がないと思われる。つまり堆肥は、必要な化学成分を与えると同時に、土壌水分保持や通気性確保のために入れるので、あまり種類が選べないからである。

溝施肥のポイント

雪や雨に恵まれ、排水もよい畑で

私の住む会津地方は、日本海型気象で、冬には最大一〜二mの積雪があり、山間部では三〜四mに達するところさえある。いっぽう夏は太平洋側より晴天に恵まれ、気温日較差が比較的大きい。土質はいろいろであるが、山沿いは褐色森林土、黒ボクが多く、平地は河川が運んだ沖積土が比較的多く、排水不良の土地はどちらかといえば少ない、恵まれた条件にある。

しかし、戦後開拓された畑は、山間部を切り開いたりして作られたため、水利が悪いところが多く、耕作放棄農地もこうしたところに集中している。いっぽう、排水は、粘土質であっても傾斜がある場合が多く、比較的容易で

トマトとメロンでの溝施肥の違い

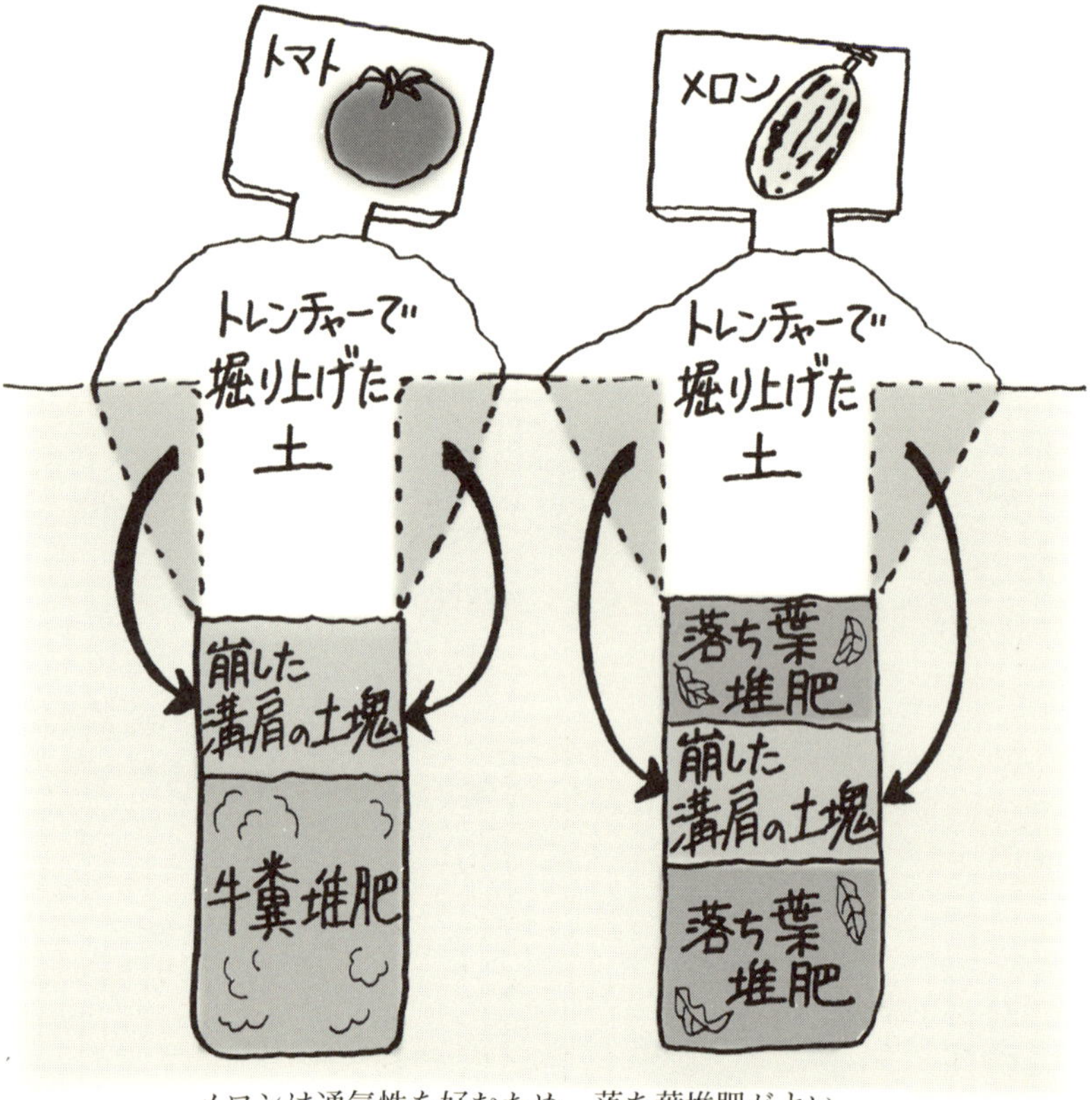

メロンは通気性を好むため，落ち葉堆肥がよい。
落ち葉堆肥は沈む（縮む）ので２段構造にする

ある。このため私は、県内のこうした耕作放棄農地に焦点を当て、全量溝施肥により、無灌水ハウス栽培が可能となる栽培方法を開発したわけである。

ただし、溝施肥にも弱点がある。この方法を地下水位が高い、排水不良の農地で実施すると、溝施肥しても堆肥が嫌気発酵してしまい、還元状態となる。こうなった土壌は根に有害で、溝施肥が逆効果になってしまう。この栽培技術はあくまでも「水がない」ことを克服するための技術だからである。

■落ち葉堆肥、牛糞堆肥を使い分け

野菜の種類によって適する堆肥があり、なるべくこれに沿った堆肥の選択をしたほうが品質や耐病性などに差が出てくる。

【ウリ科野菜】 根が通気性のある土を

好み、落ち葉堆肥が最適である。落ち葉のなかでも、桜の落ち葉にはクマリンという殺菌作用がある（桜餅はカビ防止効果をねらったもの）ことや、肥料成分が多いことから、特に重要である。実際、桜の落ち葉を半量含む堆肥は、そうでない堆肥と比べて、うどんこ病の発生を抑えることが観察されている。また、メロンでは果実の食味が向上する。

図 28　林のなかで落ち葉集め

図 29　落ち葉堆肥の山

　ただし、全量桜の落ち葉堆肥はすぐつぶれて空気含量が少なくなってしまう。落ち葉堆肥は空気含量を多くするため、半分はナラ、ケヤキ、ブナ、クリなどの落ち葉とし、半量を桜とするのが最もよいと思われる。また、空気が多く、つぶれやすいので、必ず二段以上の溝施肥とする。

【ナス科野菜】　いっぽう、トマトなどは土壌の腐植があまり必要でなく、むしろ落ち葉などの有機質をあまり好まない傾向があるため、容易に入手できる牛糞堆肥を使っている。落ち葉堆肥と比較した結果では、落ち葉堆肥のほうがマイルドな味となる（おそらく、蓚酸、硝酸などが少なくなるから）が、裂果が増える傾向が見られた。牛糞堆肥では二段施肥の必要がない。

【堆肥の施用量】　牛糞堆肥で一〇a当たり八t、落ち葉堆肥では二段施肥を行ない一〇t程度となる。落ち葉堆肥は完璧な肥料分を持っているので、肥料成分の点からは問題ない。牛糞堆肥は、余分のナトリウム（Na）を含むなど問題があるが、毎冬被覆をはがして雪で過剰な成分を地下へ流れさせることにより、一四年連作してもさほど問題は起こっていない。ただ、もし今後問題が起こったときは、落ち葉堆肥を入れるなどして解決したいと思っている。

図28、図29は、私が行なっている早春の落ち葉集め作業と、落ち葉堆肥作りのようすである。

遊休農地のカヤは前進掘りで粉砕

遊休農地では、しばしばカヤ（萱）が全面に発生し、この対策が問題となる。私は、トレンチャーで深さ一〇cm程度に前進掘りし、株を粉砕してから改めて溝を掘り、施肥を行なっている。こうすれば、重機を入れて抜根をしなくても問題ない。

カヤ株を粉砕するのにトレンチャーで前進掘りする場合は、「低速」でも速すぎるので、低速ギアを入れたり切ったりして粉砕する。いったん前進掘りしてから、地下に根が残るこの場所を次は後退で溝掘りするが、このときは通常の低速ギアで問題ない。

これを行なわないで直接トレンチャー耕を行なうと、カヤ株に乗り上げて「亀の子」状態となり、動けなくなってしまう。また、耕耘してからのトレンチャー耕はタイヤが滑ってやりづらくなるだけでなく、トレンチャーの重みで土がつぶれ、単粒構造で固まってしまうので望ましくない。

重機を入れると、重みのため耕盤ができ、排水が悪くなる。土質も単粒構造となって通気性も悪化する。トレンチャー利用ならこうした問題が起こらず、カヤ株退治にはうってつけである。

落ち葉堆肥の応用

落ち葉＋米ヌカで果菜類の温床に

広葉樹の落ち葉、特に桜の落ち葉と米ヌカをよく混合し、水分を加えると、二～三日で発酵熱が発生する。一週間～一〇日程度で徐々に温度が下がってくるが、さらに米ヌカを加えてかき混ぜるとまた熱が出る。一度に大量に米ヌカを入れると熱くなりすぎるので、少しずつ加えるほうがよいだろう。

かき混ぜる際は、いったん苗をどけ

なければならない不便さはあるが、遅い播種期のものの鉢上げなどの機会を利用する。この温床は、発熱を終えたあとは非常に優れた培土となる。ここへキュウリ、インゲンなどを栽培し、さらに翌年のトマトの培土として使って、良好な結果が得られている。

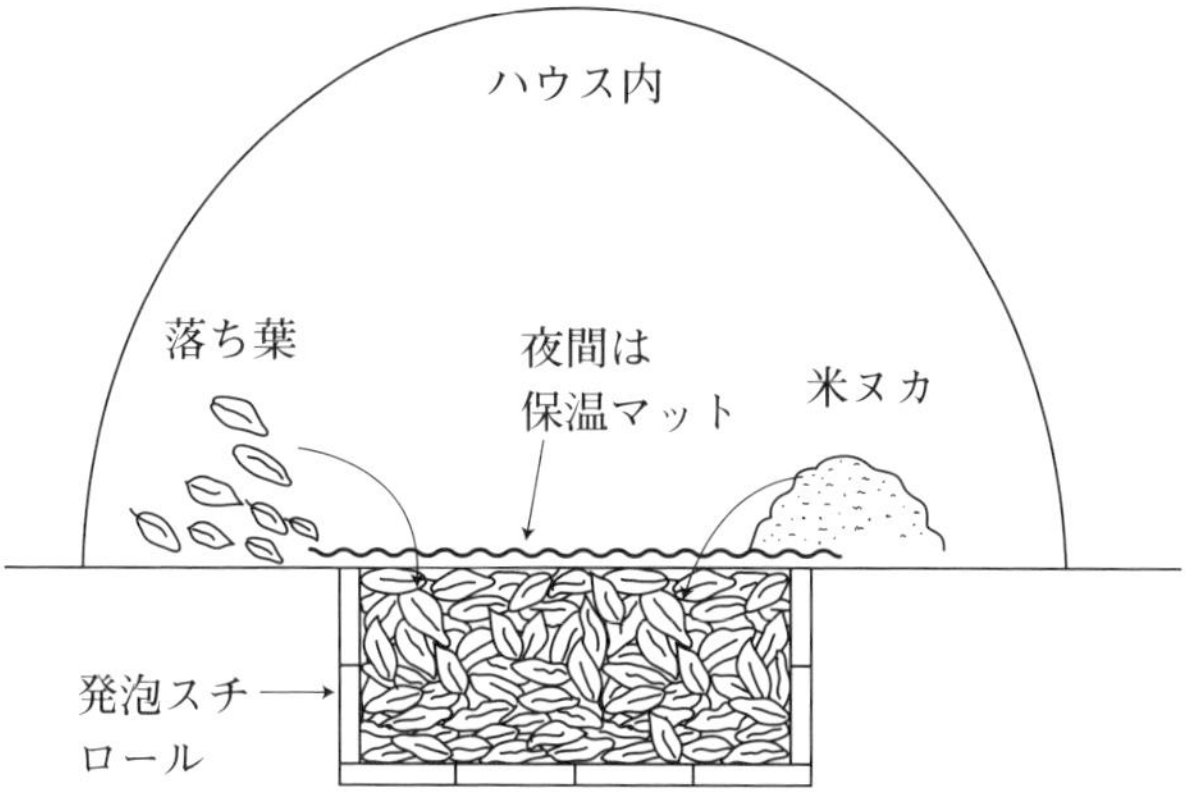

図30　落ち葉＋米ヌカでの温床作り

温床は、熱を逃がさないために、ハウス内に溝（深さ五〇cm）を掘って、底や壁など内側を発泡スチロールの魚箱のふたで覆い、ここへ桜の落ち葉と米ヌカをよく混ぜて入れる。その比率はおおよそ落ち葉三〇kgに対して、米ヌカが五kg程度の目安である。水分が少ないときはじょうろで水をかける。夜間は保温マットをかける（図30）。

落ち葉＋人糞尿を果菜類の床土に

くみ取り便所の家では、自家のし尿を育苗用土の発酵資材として有効利用できる。

方法は、落ち葉を堆肥枠に積み、この上に人糞尿をかけ、また落ち葉を積んでからよく踏みつけ、さらに人糞尿をかけ、……を繰り返し、積み上がったら、一年野外に放置しておく。これで、し尿は完全に分解して臭いはなくなり、落ち葉の半分はボロボロに、半分は形を残し、この状態でイネの床土を粉砕するための電動粉砕機にかけると、理想的な物理性・化学性を持った床土となる。

人糞尿には、植物の生育を促進する作用があり、野菜類は特にその傾向が大きいようである。これは、野菜が作物となるきっかけが、人家の近くでよく育つ草のなかから選抜されたことも関係しているのだろう。

落ち葉集めとハウス周辺の樹木

●ハウスによいこと、悪いこと

私は山の中にハウスを建て、メロンやミニトマトなどを栽培しているので、周辺の樹木の影響を受けている。南や東に杉の林があり、当初はそれほど気にならなかったが、年を経るにつれ成長し、ついには畑が日陰で使えなくなってしまうことがしばしばある。

ハウス際にある森は、吹き溜まりを生じて四mも雪が積もり、毎年のようにハウスがつぶされたり、枝からどさっと落ちた雪でパイプが折れたり、と悪さをすることが多い。ハウスの上に伸びた桑に成った果実を食べようと、ハクビシンがハウスに登り、屋根に糞を散らかすこともあった。

いっぽう、サンコウチョウやアカショウビンといった絶滅危惧種の小鳥たちが、美しいさえずりを毎年聞かせてくれることや、切り倒したクルミの切り株に、エノキタケが生えて食卓をにぎわしてくれることもある。

こうした樹木を伐採するとき、最も注意しなければならないのは、藤づるだ。十数年前、入植時にお世話になり親しくしていた近所の六〇歳の男性が、立木を伐採しようとして、藤づるのために倒れる方向が変わり、下敷きになって亡くなってしまった。藤の花は天ぷらにして食べられるので、五月の森に無尽蔵にある花の販売方法があればと思う。

●美しい花々に出会う楽しみ

花といえば、ウワミズザクラも畑のまわりに多い。五月に、小さな白い桜型の花を穂状につけて、遠くから見るとアイスキャンデーがたくさん突き出しているように見える。花はとてもよい甘い香りがし、山都町中がこの香りで包まれるほどだ。秋には小さな果実がブドウのように成り、果実酒にもなるという。

落ち葉を集める場としても広葉樹林は貴重だ。秋は、桜並木道をはじめ、球場や駅、公園などで桜の落ち葉を集めるが、春に集められるのはおもに山の中だ。山の落ち葉の種類はナラ、少し高い山ではブナ、ほかにホオノキ、クリ、ヤマザクラなど種類が多い。下には腐葉土が溜まっているので、秋に道などで集める落ち葉より栄養価が高く、微生物が格段に多いので優れた培土や堆肥になる。ただ、ツツジなどの下生えが多く、特にササが多いところでは集めるのは不可能に近い。

集めるなかで、美しい花に出会うのが最大の楽しみだ。カタクリをはじめ、イチリンソウ、エンレイソウ、また別の山ではイカリソウ、腐生植物であるギンリョウソウ、さらに他の山ではホタルカズラと、それぞれの山特有の美しい花が迎えてくれる。四月下旬のほんの一瞬の「スプリング・エフィメラル」という。樹木も、ヤマザクラ、チョウジザクラ、ツツジ、キブシなどが競うように咲く。

道路沿いに多いタニウツギは、なぜか人気がない。ヒガンバナに次いで縁起が悪い花とされ、「葬式の花」といわれたという地元の人もいた。落ち葉集めはきつい仕事だが、こうした花たちの中で働けることは、仕事の目的にしてもよいくらい幸せなときでもある。

●桐のカメムシとクルミのアク

山都町はかつて桐の産地で、タンスや下駄などの工場があった。そのため、今も桐の立木が多い。これを好むのがクサギカメムシで、根城にしてキュウリ畑を襲い、くびれ果を多発させる。
かつて私が喜多方普及所の普及員だった一九七五年に喜多方市関柴町にキュウリを栽培した際、山都で多発したくびれ果がやはり多発し、キュウリの開花時にクサギカメムシが果実になる部分を吸汁していることをつきとめた。当時この症状は硼素欠乏によると信じられていたため、もし私がみずから栽培していなかったら、農家に無駄な硼酸を農薬に混ぜて散布するよう指導していたところだった。

クルミの葉はアレロパシーがあることで有名である。クルミの木の下にあまり草が生えないのは、葉から滴り落ちる雨水に、発芽を抑制する物質が含まれているからだという。クルミの木の下に立てたハウスのトマトの生育は悪いのは日陰のためだけではなく、アレロパシーもだろうか？　しかし被覆資材は水を通さないはずだから、おかしい。秋に被覆をはがすときになって原因がわかった。

なんと被覆資材が真っ黒になって、光線の透過が著しく悪くなっていたのだ。クルミの葉から滴り落ちる物質（アク）にカビが生えて真っ黒になっていたわけだ。ちょうどアブラムシやオンシツコナジラミの排泄物に生えるのと同じように。

●夏の午後の日差し遮る西の森

子供の頃読んだヨーロッパの童話の中に、「西ノ森国の王女」というのがあった。それによると、ある国の王子が東西南北の国の王女に求婚するが、北山国、南地国、東沼国はいずれも気に入らず、西ノ森国の王女と結ばれるというものだった。このように、北に寒風を遮る山があり、南に日差しを受ける農地があり、東に用水を引く沼があるのが理想と考えられていたようだ。

その中で、西ノ森には大きな意義があると、自宅で栽培する中で考えさせられた。

夏の午後の日差しはきつく、植物の多くは葉がしおれ気味になる。西に森があれば、午後の日差しを遮ってくれるので、インゲンのように暑さに弱い野菜でも夏越しができる。もちろん、台風の吹き返しの強い西風も遮ってくれる。

そして、作業上有利なのは、西に森があって午後日陰になるハウスには、午後早くから入れることだ。八月は日暮れが日増しに早くなるのに、ハウス内は午後四時になっても暑くて入るのがつらい。そんなとき、西に森があるハウスなら三時前から仕事ができる。直射日光が当たっていないから果実温も下がっており、収穫後の傷みの恐れも少ない。労力分散のために貴重なハウスといえる。

ポットの培土は混ぜない
二層構造で

ポットの培土を、性格の異なる培土の二層構造とするとおもしろい（図31）。

育苗用の培土がいろいろ市販されているが、大別すると、粒状培土のように通気性と吸水性はよいが、乾きやすく定植時ばらけやすい欠点があるものと、バーミキュライトを含み、保水力はあるが、乾くと表面にはっ水性があり、灌水してもなかなかしみ込まず流れ出してしまう欠点があるものとがある。

このように両者の特性は相反するものであり、相反する特徴を一つの培土で改善することは困難である。この二つの培土を単純に混合すれば両者の中間のものとなり、長所も相殺されてしまう。

そこで、バーミキュライト系培土をポットの底へ入れ、粒状培土を上に入れる二層構造とすれば、灌水してもすみやかにしみ込み、しかも底から流れ出ず、全体として非常に扱いやすい培土となる。

ボットに土を詰めるのに多少手間はかかるが、その後のことを考えると非常に優れた方法と考えられる。粒状培土とバーミキュライト系培土の比率については、作物の特性によって変更すればよい。

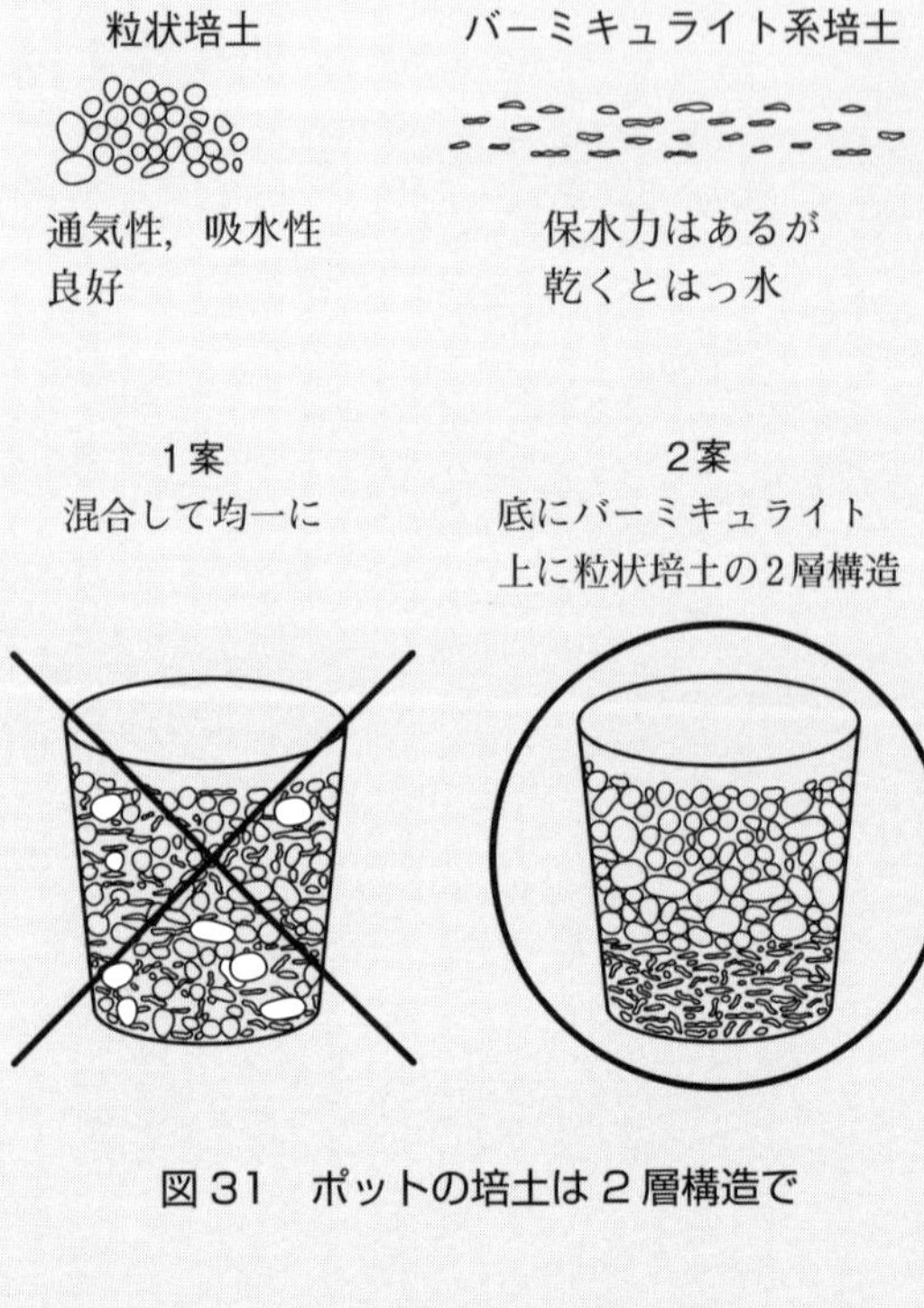
粒状培土
通気性，吸水性
良好
バーミキュライト系培土
保水力はあるが
乾くとはっ水
1案
混合して均一に
2案
底にバーミキュライト
上に粒状培土の2層構造

図31　ポットの培土は２層構造で

コラム2

イチゴの短日処理と電照栽培

●独自に開発した新・短日処理

イチゴの花芽分化促進のため、短日処理という技術がある。これは、七〜八月頃、日長を人為的に短くして、秋がきたとイチゴに錯覚させ、花芽を分化させる技術だ。

▼被覆時間が短い午後処理

従来は、午後四時頃トンネルをかけて真っ暗にし、朝八時頃トンネルをはがし、八時間日長としていた。これに対して私は「午後処理」として、午後二時頃トンネルをかけ、夜八時頃トンネルを開ける方法を考案し、慣行処理より優れた効果が得られた。午後被覆には次のように有利な点がある。

1．被覆時間が六時間と短く、一日のうち七五％は開けてあるので、その間の降った雨が利用でき、灌水労力が少なくてすむ。

2．夜間はトンネルをかけないほうが涼しいので、花芽分化には好都合。

3．花芽ができるとき、処理時間の前半は光に鈍感で比較的高温でもよいが、処理時間の後半は光に敏感で、夏としては温度は低いほうがよく分化する。トンネルをかけても光が漏れて入ることがあるので、慣行処理の朝の被覆された時間はトンネル内の温度低下を妨げることも合わせ、効果が劣ることになりやすい。

4．朝の涼しい時間帯に灌水や除草ができ、トンネルをかける午後二時は昼寝の直後で、トンネルが家の近くだと作業が便利だが、午後四時では他の作業の最中で、それを中断してトンネルを閉めなければならない、など。

いっぽう注意点としては、トンネル資材が太陽熱を吸収しやすいと、午後二時被覆では黒体放射によりトンネル内が暑くなるので、資材を選ぶ必要があることくらいだ。

▼夜冷施設の一日二回利用

「夜冷施設」というものもあった。これは大型の冷蔵庫で、ここへ夕刻苗を入れ、朝出して短日に加えて夜間冷却していっそう花芽分化を促進しようというものだ。これを使えば、慣行の処理時間でもイチゴにとっては問題なく花芽分化する。ただ、夜冷施設は高価で、多くは補助金を受けて建てられた。そして一回に処理できる苗の数は限られているから、なるべく有効に使いたい。そこで私は「一日二回利用」を考案した。

これは、午後二時に入庫して午後八時出庫する苗と、入れ替わりに午後八時に入庫して午前一〇時に出庫する苗として一日二回使うというもので、試験した結果、いずれも問題なく花芽分化することがわかった。そこで、残りの時間も使えないかと、午前一〇時入庫、午後二時出庫の「昼冷」処理も実験してみた。理論上、短日処理は継続した夜が必要で、昼冷は効果がないはずだったが、実際には、午後処理、午前処理には劣るものの、かなり高率で花芽分化した。

ということで「夜冷施設は一日三回使える」という成果が出たが、夜冷施設には一日一回処理を前提とした苗を置く装置が付属していたため、実用化には至らなかった。

●電照栽培の進化

いっぽう、イチゴでは「電照栽培」も行なわれていた。これは、冬の夜間光を与えることにより、イチゴに春がきたと錯覚させ、休眠から目覚めさせるのが目的だ。

column

▼一時間に一〇分のリレー電照

当初、「日長延長」と称して、日没前から、夜の八時頃まで電球で照らしていた。しかし、この時間帯は電力需要が多く、電圧が下がりやすいので、安価な深夜電力を使えるようにと、深夜に一時間電照するだけでも、日長延長に劣らない効果があることがわかった。これにより電照時間も三分の一に減り、電気代は大幅な節約になったが、多くの電球を同時に点灯するので使用の容量（アンペア）は依然として大きく必要だった。

そこで考案されたのが「リレー電照」で、一晩中、一時間ごとに一〇分間電照し、八ウスを六等分して順番に点灯していくことにより、電気の容量が六分の一ですむことになり、契約料金が大幅に節約できることになった。

さらに、ハウスごとでなく、隣り合う電球を順番に点灯することにより、あるイチゴの株にとってみると、真上の電球は一時間に一〇分点灯だが、隣の電球は違う時間に点灯して、少し明るい、というほうが効果が大きいことがわかり、そのような配線になった。

▼「あるものを使う」精神で

以上、短日処理と電照栽培の技術の進化について見てみたが、共通しているのは、不必要なことはやめて、合理的に気象や植物生理、人為的資源も含めて活用をはかる方向を追求していることだ。この本では「側枝の活用」を中心に書いたが、ほかにもここに述べた雑草やそれにつく虫、落ち葉など、捨てられているものを活用することに心がけたい。

捨てられているものは自然物にかぎらず、たとえば雪でつぶされたパイプ支柱も、折れた部分の両側（断面がわずかに楕円形になっている部分）を切って、一回り太いパイプでつなぐと、かえって丈夫になって再生する。今私のハウスの三分の一はこうした再生ハウスだ。このように「あるものを使う」精神を貫徹していけば、廃棄物も大幅に減らすことができ、地球温暖化防止にも役立つのではないかと考えている。

column

第5章

野草帯による害虫防除

防除効果のメカニズム

ハウス内外の野草を残してみると

私はメロンのハウス栽培をするにあたって、当初はアブラムシなどの侵入防止のため、ハウスの内側の縁にマリーゴールドなどを植えていた。しかし、マリーゴールドは雑草との競争にあまり強くなく、その除草のため、何も植えないときよりかえって手間がかかる状態となってしまった。

そこで、在来の野草のなかから、背が低いアサツキやカキドオシなどを残してみると、マリーゴールドよりはるかに除草が楽になった。しかしアサツキは夏に枯れ、カキドオシも暑さに弱く、ほかの草を抑えることができない。

図 32　野草帯にいた，メロンやトマトには寄生しないアオヒメヒゲナガアブラムシ

次は、背が少し高く、香りが強いナギナタコウジュやドクダミなども残すことにした。しかし、これらの草はどこにでも生えるわけではないため、結局、ワラビが出るところはワラビ、それ以外の場所はヨモギやヨメナが主役となっていった。これらはハウスの通風を妨げるので、伸びたら踏んだり、折ったりして伸びすぎないようにしている。

現在は一年生の夏雑草としてアカザ（シロザ）とイヌビユも、野草帯の主役の仲間入りをしている。特にイヌビユは「ヒユナ」の名で、ワラビ同様、「ナチュラルハウス」や「ヴェルジェ」などの販売店に出荷するようになり、抽台が遅い系統（ヒユ科は鶏頭の仲間）を選抜している。

野草帯で刈る草，残す草

刈る草
やられた〜〜
スパッ
残す草
おっと、これは残す草だ
オットット
セーフ!!

アシ，イチビ，イヌガラシ，オオイヌノフグリ，カヤ，クズ，トキワハゼ，ナズナ，メヒシバなど

アカザ，アサツキ，イヌビユ，カキドオシ，ドクダミ，ナギナタコウジュ，ヨメナ，ヨモギ，ワラビなど

テントウムシがアブラムシを捕食

図32にあるとおり、ヨモギなど、ある種の野草には春、比較的早い時期からアブラムシがたくさんつく。

このアブラムシ（ここではアオヒメヒゲナガアブラムシ）は、多くの場合、そこに栽培する野菜につく種類とは異なるが、これを食べるテントウムシなどは共通なので、野草が代替餌となってテントウムシなどの天敵を育てる形になる。つまり、従来の「野草にはアブラムシがつくから、除草が必要だ」という指導は、アブラムシの種類とその食草の違いについて無知だったための誤り、ということになる。

実際、野草帯を残すようになってから、アブラムシの被害は減ってきている。ただ、それだけでは、やはりメロンではときとしてアブラムシが発生するので、施肥や品種にも留意が必要である。メロンでは、桜の落ち葉の堆肥を用いると、アブラムシがつきにくくなるようである。

ただ、野草はすべて残してよいかというと、そうではない。オオイヌノフグリ、トキワハゼといった美しい花を咲かせる小さい草は、無害のように見えて、ワタアブラムシが越冬する悪玉である。春になると、ワタアブラムシはここからナズナ、イヌガラシなどアブラナ科の草に移り、大繁殖する。これらの野草のほか、夏にビロードのような心地よい感触の葉をつけ、一見オクラに似たイチビもワタアブラムシの宿主であるから、見つけ次第抜く。

天敵や花粉媒介昆虫に住処を提供

花粉を媒介するマルハナバチは、日本在来ではクロマルハナバチとトラマルハナバチで、ノネズミの古巣を利用して巣を作る。ノネズミはこれらのハチの巣を襲って幼虫を食べるが、ヘビやフクロウ、イタチなどの天敵が安泰なら、花粉を媒介してくれるハチに大きな被害はない。ヨモギなどの草むらはこうした生態系が成立しており、毎年安定してマルハナバチが羽化してくる。

これらの野草にはほかにも多くの昆虫が育ち、それを食べる小鳥も棲息する。ハウスの中は、小鳥にとっては天敵である鷹が入ってこない聖域となっており、メロンにつくウリキンウワバやウリノメイガ、トマトにつくオオタバコガなども小鳥が退治してくれる。アブラムシのほかにスリップス、ハダニなどの小型の害虫も、これらの天敵が野草帯の中で自給自足しているので、野菜に寄生したものを食べてくれる。

ハウスの中に入ってくる小鳥は、ホオジロやセグロセキレイ、それに大きい鳥だがキジ（♀）が確認されている。ホオジロはイネ科の草の実を好むといわれるが、これも雑草防止に役立つし、害虫も食べると思われる。キジもトマトは加害しなかった。ただ、イチゴハウスに入るヒヨドリはイチゴを食べるために入ってくる。シュンギク（春菊）の採種のときには、カワラヒワに食害されたことがある。

土壌浸食を防ぎ、土中に空気も

野草のなかでも、根を深く張り、宿根性となるヨモギ、ヨメナ、ワラビなどは、特に傾斜地での土壌浸食を防ぎ、大切に土づくりした畑の土を水や風から守ってくれる。従来は石垣などを積まなければならなかった傾斜地の段々畑も、野草帯があれば容易には崩れない。平坦地では冬季、特に雪解け直後の早春に風食が激しく、地力が消耗するだけでなく、周囲に迷惑をかけることになるが、野草帯があれば乾いた土も草の根が抑え、風食はかなり軽減される。

特に香りが強い野草は、害虫を忌避する作用を持つものが多く、また多くの宿根草には天敵がすみ着いて侵入する害虫を食べてくれるなど、外部から直接作物に飛び移る害虫を大きく遮ってくれる。ただ、イネ科の雑草はこうした効果が少ないだけでなく、生長点が地際にあって、草刈りしてもすぐ再生し、根が浅く土壌浸食防止に役立たず、作物と養分競合を引き起こす。そのため、イネ科の雑草は極力取り除くようにする。

アカザ、イヌビユといった背が比較的高くなる直根性の雑草は、イネ科と異なり土中深く直根を伸ばし、深いところから養水分を吸い上げ、根が枯れたあとには土中深くまで空気が通る穴ができる。昔から、「馬鈴薯畑にアカザが生えると馬鈴薯は豊作」という諺がある。アカザがあまり多ければ日陰になって有害であるが、ところどころに生えると土壌の排水、通気を改善してくれるということだろう。

作目別・害虫別の被害と対策

●土壌害虫といえばネキリムシ

土壌害虫というと真っ先に連想されるのはネキリムシである。これには、目を異にする二つの昆虫の幼虫、鱗翅目のカブラヤガと鞘翅目のドウガネブイブイ（コガネムシ）がおり、いずれも大きな被害がある。

前者はその名の通りアブラナ科を特に好み、出たばかりの芽を中心に、野菜の幼植物を切り倒してしまう。後者はイチゴの根などを切り取るので、被害株はしおれて、たいがい枯れてしまう。

前者はおもに夜活動し、最も新しい被害株の近くをていねいに掘ると捕殺できるときもある。後者は地表には出ず、多くの場合、最新の被害株の真下にいるので、被害株を抜けば捕殺できることが多い。

無農薬栽培では、多くの害虫被害があるものの、早期発見してすぐ対策をとれば、大きな被害は免れる。その意味でも、有機農業は圃場に足しげく通うことが必要な農業といえよう。

●イチゴ、キュウリ、アスパラガス

【イチゴ】 アカフツヅリガという、蜜蜂の害虫スムシに近縁の蛾がクラウンに食い込む。トマトでは、コオモリガという原始的な蛾が茎に食い込む。この蛾は成虫になるのに二年かかるという変わり種だ。いずれも鋸屑のような糞を見つけたら、それが出てきた穴から針金を差し込んだりして捕殺する。

【キュウリ】 定植したばかりのキュウリなど瓜類の子葉が、細かい穴だらけになる被害があるが、これは原始的な無翅亜綱のマルトビムシの仕業である。これは一見、ワタアブラムシに似た大きさの黒色丸形であるが、ピンピン跳ねるのですぐ区別がつく。

以前、ラーメン屋からもらった使用済みの割り箸をキュウリの接ぎ木クリップに挿して仮支柱としたら、甲殻類のオカダンゴムシがたくさん登ってきてキュウリの葉を食害した。このことを逆に利用して、使用済みのラーメン屋の箸でオカダンゴムシを集めて捕殺することもできそうだ。

【アスパラガス】 カノコガという美しい蛾の幼虫で、ビロード光沢がある紫色のイモムシが若茎を食害する。これは冬~早春に被害が大きく、その後はもっぱらアスパラハムシの被害が大半となる。これらアスパラガスの害虫に対して、ハウスではセグロセキレイなどの小鳥がすみ着いて食べてくれるのだが、露地ではなぜか被害が大きい。これは小鳥の天敵である、鷹、カラス、犬や猫などがいるためであろう。

●蟻、センチュウ類……

【ハリガネムシ】 タバコなどの根は鞘翅目のコメツキムシの幼虫が食害することがある。金色の節のある針金のような虫で、親と同様非常に活発に跳ねる。

【クロヤマアリ】 私は溝施肥をしているため、軟らかい畝の中は蟻(おもに中型のクロヤマアリ)が好んで巣を作り、植えた苗の地際や根を噛み削って枯らしてしまう。被害を受けないのはトウガラシくらいのものであった。蟻による苗の被害は意外に大きく、連続して苗を食害し、植え直してもまた食われるため、近くの巣を根絶やしにするしかない。

【クロナガアリ】 秋にレタスの種子を屋外で箱播きしたら、小型で足が遅いクロナガアリが列をなして種子をくわえて巣へ運んでいってしまった。この蟻は収穫蟻ともいい、秋に野草の種子を巣に貯蔵する習性がある。もちろんこれは、早期に発見すれば箱を移動するなどしてすぐに被害を止めることができる。

【ナメクジ】 広口びんにビールを入れておくと集まるので、誘引して捕殺する。

【ネコブセンチュウ】 タヌキマメなど豆科クロタリア属植物をこぶとり草と称して、被害畑に植えると数年間被害が免れる。なお、豆科植物はインゲンはじめ移植に強いものが多いが、タヌキマメは極めて移植に弱く、直播きか、ポットに直播きして根鉢を崩さず移植するしかない。タヌキマメは大豆などと違い、種子の寿命はかなり長いほうである。

【ネグサレセンチュウ】 マリーゴールド(アフリカントールが最もよく使われるが、一部のアフリカン品種は効果なし)を植えるとこぶとり草と同様の効果がある。

草を刈るなら大鎌で

草刈り機でイネ科雑草が繁茂!?

日本中の農村で草刈り機の騒音と不快な排気ガスがあふれるようになったのは、戦後も二〇年以上経過してからではないだろうか。普及があまりに急だったため、その生態系に与える影響などについての研究は不十分なままであった。そのうち、草刈り機を常用した土地の植生は、そうでないところと比べて、イネ科が優占するようになる。そのなかでも、特に多いのが、一年草ではメヒシバ、多年草ではカヤ、多湿なところではアシである。

これらのイネ科の草は生長点が地際にあるため、草刈り機を使っても葉がなくなるだけなので、すぐに再生し、茎ごと再生しなければならないヨモギなどよりダメージが少ないのである。

また、クズなどのつる草も、草刈り機では退治しにくいため、山間のこうした元・農地はカヤとクズばかりになってゆく。これを生態学では「妨害極相」と呼び、本来の落葉樹林への遷移が進まない。

近年、人里近くをおもな住処とする各種の昆虫の激減が指摘されているが、その原因の一つに、草刈り機の普及による植生の単純化があるように思われる。

ガソリン代ゼロ、草を選び刈り

草刈り機に対して大鎌は、新品を買えば数千円するが、草刈り機よりずっと安く、故障もなく、ガソリン代もかからない。石を跳ね飛ばして失明など怪我をさせることもなく、物を巻き込んで壊すこともない。排気ガスを出さないので、地球温暖化防止にも、健康にも体力増強にも役立つ（図33）。

また、大鎌は、草の種類を選ぶことができる。カヤ、クズなどは徹底的に刈り、ヨモギ、ヨメナなどは倒すだけにとどめることを続けていくと、次第にヨモギなどだけが残り、非常に管理しやすくなる。だから、最初の年は草刈り機でやったほうがはるかに楽であるが、毎年同じ作業をしなければならず、草刈りをやめれば、たちまち、たちが悪い草だけが繁茂することになる。

この、ヨモギなどを畑の周囲に残す方法は、賢い昔の人も、きれい好きのせいで考えつかなかったようである。「畑の周囲をきれいに」という考え方は広く浸透しているため、よほどの山中で周囲がみな耕作放棄地であるようなところでないと実証が困難だが、こうしたところは地価も安く、入手しやすい利点もある。

ハウスサイドの草刈りは大鎌におまかせ

うーん，らせん杭があって，草刈り機じゃ危ないなあ
らせん杭

大鎌ならスイスイだよ。ビニールを切るかも……なんて，ビクビクしなくてすむから作業も速い

図 33　草を刈るなら大鎌で
2 人は私のところで修業中の新規就農者

大鎌は，選び刈りも得意

有機無農薬でつくるためには草は全部は刈らない。日陰をつくったり，作物にからみつく「悪い草」だけを刈って，あとは天敵を呼ぶ「野草帯」として温存する。

カヤだけ刈って，フキは残したいんだけど……，草刈り機だとめんどくさいなあ

ヨモギやイタドリなどは，こうやって踏み倒しておけば，地面を覆ってイネ科の草が出にくくなる。何年かやっているうちに，刈らなければならない草はハウスから消えていく

大鎌で刈る草は，基本的にはカヤなどイネ科の草。大きくなって日陰をつくるからだ。また，つるで這う草（カナムグラやノブドウなど）も，作物にからみつくので，刈るか抜くかする。ちなみに私のハウスは，畝部分のみをトレンチャーで部分耕し，それ以外のところは不耕起。歴史の浅いハウスの通路には写真のように草が生える

草刈り機にない，大鎌の特長

早く、安全に、難なく刈れる

大鎌は、つる草はもちろんのこと、普通の草でもヒメジョオンなど、草の種類によっては草刈り機より早く刈ることができる。また、ハウス際など、障害物が多く草刈り機では危険で時間もかかる場所でも、大鎌なら難なく、それも草を選んで刈ることができる。

このように考えていくと、草刈り機で広い斜面（平面だとトラクターで耕耘することも多い）や道路沿いなどを、暑いなか、苦しい作業として行なっているけれども、もし大鎌で草を選んで残していけば、数年のうちに草の種類が様変わりして、草刈りの作業そのものをしなくてよくなるのではないか、とも思われる。

大鎌で雑草を刈り取るコツは、メヒ

シバ、エノコログサなどイネ科雑草は刃先で生長点のある地際からえぐりとり、つる草もなるべく根元から切り取る。残す草は中段で切ったり、叩いて倒す。

作業は早朝行なうとよく切れる。時期は、雑草が通風を妨げるようになった頃がよい。年一回でも、雑草相改善にはかなり効果がある。

野草帯には有害な生物もいる

●ネナシカズラがトマトを加害

日本ネナシカズラが発生し、トマトを加害したことがある。トマトのハウスに発見したらすぐ除去し、野草帯に発生しているものは、クズ退治に転用するとよい。また、カヤの葉は皮膚を切り、棘のある野草が刺さって化膿する。一部の野草は花粉症を引き起こしたり、ドクガが発生し、気づかずに触った人がかぶれる。

私はトルクメニスタンで、ヤンダークという豆科の草の棘が右薬指先に刺さって「疔（ちょう）」になり、当地で指に穴をあけて紙縒《こよ》りで膿を引き出すという荒っぽい治療を受けた。おかげで敗血症は免れたが、四年たった今も雪仕事をすると真っ先にここが冷たくなる。

●皮膚炎を起こすマメハンミョウ

わが家では、数年に一度、五〜六月頃マメハンミョウが大発生する。この虫の幼虫はバッタ類の卵を食べて育つ。成虫は黒く細長く、目が赤く、不気味な軟らかい甲虫で、つぶすとカンタリジンという毒を出し、皮膚炎を起こす。大きさの割に大食漢で、豆類やトマトの葉を食い荒らす。毒虫なので小鳥も敬遠し、めぼしい天敵もないようだ。手に触れないようにして捕殺するしかない。

これと同じツチハンミョウ科に、ツチハンミョウがいる。成虫は藍色の太った甲虫で、翅が短く飛べない。幼虫は過変態をし、一齢幼虫を三爪幼虫といい、花の上で群れてマルハナバチを待つ。マルハナバチに取りついて巣まで運ばれ、ここでウジ状に変態し、花粉や幼虫を食べて成長する。

私はキュウリなどの花にびっしりついたこの三爪幼虫を、てっきり「スリップス（アザミウマ）」と思い込んでいたが、考えてみると、一日でしおれる花にこのようにぎっしりついている理由は、マルハナバチを待つことしか考えにくい。ツチハンミョウとすれば、幼虫といえどもカンタリジンを含んでいるだろうから、F_1を作るために雄花を採ってポケットに入れたりしたら、太ももがかぶれた、ということになるかもしれない。注意しなければ！

●天敵のヘビやハチにご用心

【オオスズメバチ】一九九七年八月のある日曜日。村人足で峠道の草刈りをしていた私は、木の根元にマムシがいるのを見つけ、鎌で押さえつけた。すると地面から数匹のオオスズメバチが飛び出し、一匹がたちまち私の顔を刺した。

激しい痛みとともにみるみる頬が腫れ上がり、体中に蕁麻疹ができ、水も喉を通らなくなった。「これはいかん」と、急ぎ軽トラックを借りて三〇分ほどかかる病院へ直行。点滴を打って半日で退院できた。おそらくマムシは、土中に巣を作るオオスズメバチの巣の中の幼虫を狙っていたのだろう。

スズメバチによる事故はあとを絶たな

い。長女も中学生のとき、顔を二カ所刺されて、血圧が測れないほど低下して一週間入院したことがある。スズメバチは「警報フェロモン」を出して仲間を呼び集めるが、その成分が整髪料、アイスクリームの香料と共通ということで、山道を歩くときはこうしたものを身につけないよう注意する必要がある。

【キイロスズメバチ】 壁の中に巣を作ったこともある。このときは、夜に出入り口をパテでふさいで出られないようにしたところ、一週間ほどで餓死したようだ。また、郵便車の廃車をもらって、十~六月の使わない期間は防獣篭をしまっているが、あるときうっかり扉を開けたままにしておいた。すると、キイロスズメバチが中に巣を作り、防獣篭を取り出そうとしたときに刺されてしまった。これも、夜間に扉を閉めて一週間ほど置いたところ、夏至の頃なので中が日光を受けて暑くなり、スズメバチを焼死・餓死させることができた。

【アシナガバチ】 ハウスの中によく巣を作る。三mほどの棒の先に新聞紙をつけて燃やそうとしたところ、さっと飛んできたアシナガバチに顔を刺されてしまった。五mの棒では刺されなかったので、少なくとも五mの距離を保つ必要があるようだ。気をつけなければならないのは、木造家屋などでは決して燃やそうとしてはならないことだ。火事になってしまう。スズメバチ退治の専門家は、全身を防護服に固めてハチを掃除機に吸い込んでいる。

【マムシ】 十分注意しなければならない。マムシは積極的に人間を襲うことはしないが、不注意に踏んだり、捕まえようとするときに噛まれやすい。マルチの下にはよくもぐっているので、不用意にマルチの下に手を入れるのは危険だ。近づくと、シーっという威嚇音を発する。草むらを歩くときは、長靴や、一〇~一二枚コハゼの地下足袋を履くようにしたい。

二〇〇九年には、わが家の犬二匹が一カ月もしない間に相次いでマムシに噛まれた。いずれも顔を噛まれていることから、捕まえようとして噛まれたのであろう。いずれも血清を打って一命を取り留めたが、老犬のほうは急に年を取った感じになり、半年後に死んでしまった。

【ヤマカガシ】 無毒ヘビの多い遊蛇科だが、後牙類といってコブラと同じ神経毒を持つ(マムシは出血毒)。青大将などの、他の遊蛇科と違って、人から逃げず、尻尾を持って持ち上げると頭を手の位置まで上げることができる。赤い地に黒い斑紋を持ち、マムシより目立つ色をしている。深く噛まれると命にかかわるのでうかつに捕まえようとしてはならない。マムシが卵胎生なのに対してヤマカガシなど遊蛇科は卵生で、草むらで大きな卵塊を発見したこともある。

【青大将】 家屋にもすみ、鼠退治をしてくれるが、燕が巣を作ると、ざらざらした垂直な壁を登ることもでき、懸垂して頸を伸ばすなどして、安全そうな場所に見えても雛が食べられてしまうことがしばしばある。あるとき畑から「ギャンギャン」という声がしたので見ると、大きな青大将がノウサギを絞め殺そうとしているところだった。一週間ほど後に、この畑にトレンチャーをかけていたら、地下にもぐっていた青大将を切断してしまった。腹の中からノウサギと思われる毛皮と骨が出てきたので、さては先週の青大将が地下で腹ごなしをしていたのだとわかった。ヘビは人間には嫌われるが、生態の中では重要な地位を占めている。

小さな農具と工具、作業衣類

●ひねり鎌、鋸鎌で除草

しゃがんで小さい草を除草するのに使う鎌として、ひねり鎌と、鋸鎌がある。この二種の鎌は特性が違い、その後の草の種類にも影響する。

ひねり鎌は、地表の草を削るとともに、表面を均す働きもある。したがって、生えている草は全部削ることが能率的である。小さな草が密生するようなところには都合がよい。しかしある程度以上大きくなった草は切れないし、カヤのように硬くなった草には無力である。

これに対して鋸鎌は、一株ずつやっつけるやり方である。稲刈りに使われていただけに、イネ科雑草には威力を発揮する。いっぽう、ハコベのように地表に広がる雑草に対しては、ひねり鎌より使い勝手が悪い。

鋸鎌のほうが、草の種類を選んで退治しやすく、私は、特にイネ科雑草を抜く主義なので愛用している。先端を株元に突き刺して地上部を取り去れば再生しない。このためには一〇五円の安物は先が丸いため適さず、数百円する先が尖った鋸鎌を使いたい。

●鍬は角度がものをいう

鍬の形は地方による違いが大きい。これは土質と密接な関連がある。私が一年間滞在したトルクメニスタンでは、普通のスコップや、ホー（唐鍬に近い）のほかに、長い柄の先にしゃもじ型の刃が付き、右または左に足を乗せるところが付いている道具が使われていた。一見、先の丸いスコップのように思われるが、使い方は、片足をかけて、三〇度以下の浅い角度で土を削る、鍬に近い役割である。

当初は、少しは存在するホーを選んで使っていたが、この道具を使ってみると、同国の硬く締まった土に対して実に作業しやすいことがわかった。考えてみればホーでは腕の力、せいぜい腰の力しか使わず、下半身はあまり使わないが、この道具は腕よりも強力な足の力を使って土を起こすことができるのだ。

さて、日本の鍬で作業上問題になるのは、刃の柄に対する角度だろう。直角に近ければ振り下ろすように起こすが畝立ては前のめりの姿勢になり、角度が浅ければ腰を曲げて突きたて、同時に腰を伸ばして畝立てすることになる。それぞれの鍬を使う地域で、ぎっくり腰などの発生率の違いはあるのだろうか。

鍬は鎌と違って非常に硬い材質で作られていて、普通の砥石では研ぐことができない。また、刃先は焼き入れをしなければすぐ減ったり、曲がったりしてしまう。喜多方には斎藤さんという七〇代後半の鍛冶屋さんがいて、欠けたり、曲がったりした鍬を直してくれるが、夫人が病に倒れたため、二人がかりでの作業となる鍬作りはできなくなった。まもなく本人も引退すれば、曲がった鍬は、コンクリートの側溝のふたに挟んで直したりするしかなくなってしまうのだろうか。

●便利な金てこ、金鋸

さて、硬いものを掘り出すなどの作業は、唐鍬やつるはし、金てこの順で大きな仕事ができる。私は金てこをよく使う。ハウスを建てるときには特に便利で、電動工具よりも能率的であることが多い。トレンチャーに石が挟まったときにも、大きな石が埋まっていて掘り出したり砕いたりするにも、古い切り株を割って引き抜くにも便利。ただこれは、桑のように、株元からひこ生えがいつまでも出続ける木は、枯れないのでさすがの金てこも歯が立たない。

パイプを抜くには二つのパイプレンチを使うが、パイプを切るには、金鋸を使う。金鋸の刃ほど品質差が大きいものも少ないのではないか。安物はたちまち刃がぼろぼろになってしまう。しかし、最初から高価なものを使うと、よく切れると喜んだのも束の間、慣れない使い方で折れて一巻の終わりだ。高価な刃は、安物をいくつか折って扱いに慣れてからにするとよい。

●地下足袋は一番の友

農作業では、地下足袋が一番「友」という感じがする。春がきて、重い防寒長靴から軽い地下足袋に履き替え、花咲く野辺に出る気持ちよさ。「地下足袋に青空躍るいぬふぐり」。私が以前作った唯一の俳句だ。

地下足袋が一番必須なのは、ハウスに登るときだ。パイプを指の間に挟んで登るので手が自由に使える。ハウス被覆や修理では欠かせない。畝立てのときも、運動靴では土が入る。年中長靴では水虫になってしまう。地下足袋にも、三枚コハゼから一二枚コハゼまで、またスパイク付や先丸、防寒などいくつかの種類がある。

一二枚コハゼは、足首やすねをブヨやツツガムシなどから守る。これも、春の山に多い害虫で、ブヨに刺されると人によっては腫れ上がって熱を持ち、数日間苦しむことになるし、ツツガムシ病になれば何週間も入院ということになる。

先丸地下足袋は、ハウスに登るには役立たないし、地下足袋のよさを消してしまうが、使い途がないわけではない。地表に灌木など、引っかかりやすいもの（特にそれが有用なものである場合）があるとき、これが指の間に挟まって抜けたりすることがないためだ。

スパイク地下足袋は、急な山の斜面で落ち葉集めするときには必須の履物。普通の地下足袋は濡れた落ち葉の上では非常に滑りやすいからだ。ところが、スパイク地下足袋は鉄板のような硬く滑らかなものの上では非常に滑りやすい。だから、山歩きして渓流を渡るとき、岩の上で滑って転落する事故も起こり得る。

●軍手、ビニール手袋

手袋も、用途に応じて使い分けることが必要だ。最もよく使用するのは「ゴム引き軍手」というもので、手の防護と、すべり止めのために手のひら側にゴムが張ってある。機械作業や鍬、鎌などの作業はこれを使う。軍手をしないで機械作業をして、とっさにギアを切った際、爪で反対側の手を深く傷つけてしまったこともある。

ただの軍手は非常に安価だが、滑るため、鍬などは特にきつく握って仕事しなければならず、非常に疲れる。また、木綿のため手が非常に乾き、指などにひび割れができてしまう。

薄手のビニール手袋は、ポットに土を詰めるなどの作業に便利だ。ただ、ちょっとでも穴があくと使えなくなるので、針金などに細心の注意が必要だ。そして、いくら細かい作業に適するとはいえ、接ぎ木作業などはやはり素手で行なうのがよい。

●意外と役立つ腕抜き

手首を保護する「腕抜き」も必要だ。腕時計をしているときはゴミが入るのを防ぐし、手首はブヨに狙われやすい場所でもある。私はかつてこれをしないで土壌粉砕機のゴミ取りをしていて、袖口が機械に巻き込まれ、衣類が腕を締めつけて皮膚の一部が壊死し、今も左腕に傷跡が残っている。

収穫作業では手甲付き、特に親指も付いているものがよい。丸ナスなど棘がある果実を収穫する場合は、これをしないと怪我をする。

このほか、長い髪の女性は機械に巻き込まれないよう束ねてまとめる必要があるし、作業中目に泥などが入ることに備えてペットボトル入りの水を用意しておくなど、農作業に忘れてはならないものは多い。

●猿袴、笠、踏み俵、腰篭

会津地方には、伝統の会津木綿織物があり、作業服の仕立てもかつては冬の農家の婦人の仕事であった。特に、「猿袴」は、一般の作業ズボンやGパンと比べて涼しく、チャイナドレスのようにスリットが入っているため、股を大きく開くことができる点でも優れている。これはハウスに登る際などに非常に便利である。蒸し暑い夏のハウス内作業でも、汗がすぐに乾くので快適である。チャルジョウ農場へきている若い人は男女ともこれを愛用している。

また、日本各地に見られる笠は、当地では「じょっぺ笠」と呼ばれ、笠に竹製の輪を竹ひごでつないだ形をしている。このため、麦わら帽子などと違って頭が笠から離れており、直射日光で笠が熱くなっても頭に熱が伝わらない。また、除雪作業でも多く使われる。これは、雪で屋根に押しつけられた枝などを頭で押し上げることができ、屋根からの落雪に埋まっても笠と頭の間に空気が残り、窒息を免れた例がある。夏も冬も同じものが使える珍しい例といえる。

雪の中を歩くのに「かんじき」とともに「踏み俵」がある。これは、わらで編んだ二つの大きな丸い俵の中に足を入れ、それぞれについたわら製の把手をそれぞれの手で持ち上げながら歩いて雪の中に道をつけるものである。わらの中は温かいので足が凍えることもなく、しっかり踏み固めて普通の靴で歩いてもずぶずぶ沈まない道ができる。

ハウスの上での作業に重宝なのが「腰篭」である。籐で編んだものでひもがついており腰にくくりつけ、道具や部品、ウェスや粘着テープなどを入れる。近年は段ボール用バンドを編んで作った腰篭も使われている。

第6章

多本仕立ての経営戦略

販売と労力の兼ね合い

品薄になる八～十月の首都圏へ

「地産地消」が叫ばれるが、私は一部を除き首都圏へ出荷している。

特に八月のトマト、キュウリなど、農村地域である会津地方では、会津若松や喜多方などの非農家でも「親戚や知人からもらうものだ」と考えており、よほどおいしいなどの特徴がない限り、お盆の一時期を除けば、ほとんど売れない。いっぽう首都圏では、関東の産地が盛りを過ぎ、特別品物が余っている時期ではないから、出せば売れる。特に、無農薬であれば、病害虫が多い関東地域からはなかなか出ないので高価に販売できる。

十月になると地元産も少なくなるので、地元の生協やスーパーでも売れるようになるが、首都圏の店から要望があれば継続性を重視して出さざるを得ない。首都圏でも十月は品薄の時期となるからだ。

販売に一番苦労するのは毎年出始めの七月である。準高冷地にある私の山都の畑はハウスでもさほど早く出すことができず、地元でもだぶつき気味の時期にあたる。首都圏は関東の品が最盛期である。加えてシーズン最初の出荷であるため、手続きに手間取ったり、「最初は隔日で」などといわれることが多い。気温は高いため、隔日収穫を求められても、それでは過熟になってしまい、やむなく近所の人に配って歩くしかない。

収穫の波で労力配分が難しい

さて、疎植多本仕立てでは初期収量が少ないのが欠点とされるが、それはどの程度で、収入にはどう影響するか。特に、収穫労力が一定の場合、いくら多収でも一時に収穫しきれないほど熟しては結局無駄になってしまうから、収穫のピークの高さと谷の深さが問題となる。

時期別収量を見ると、一本仕立てと多本仕立てを比較すると、六月は例外なく一本仕立てが多収で、多本仕立てはその半分以下だが、七月の収量はほぼ等しく、八、九、十月の収量は多本仕立てが多くなっている。首都圏で品薄になりやすい九、十月に多収となる

トマトの単価と収量（イメージ）

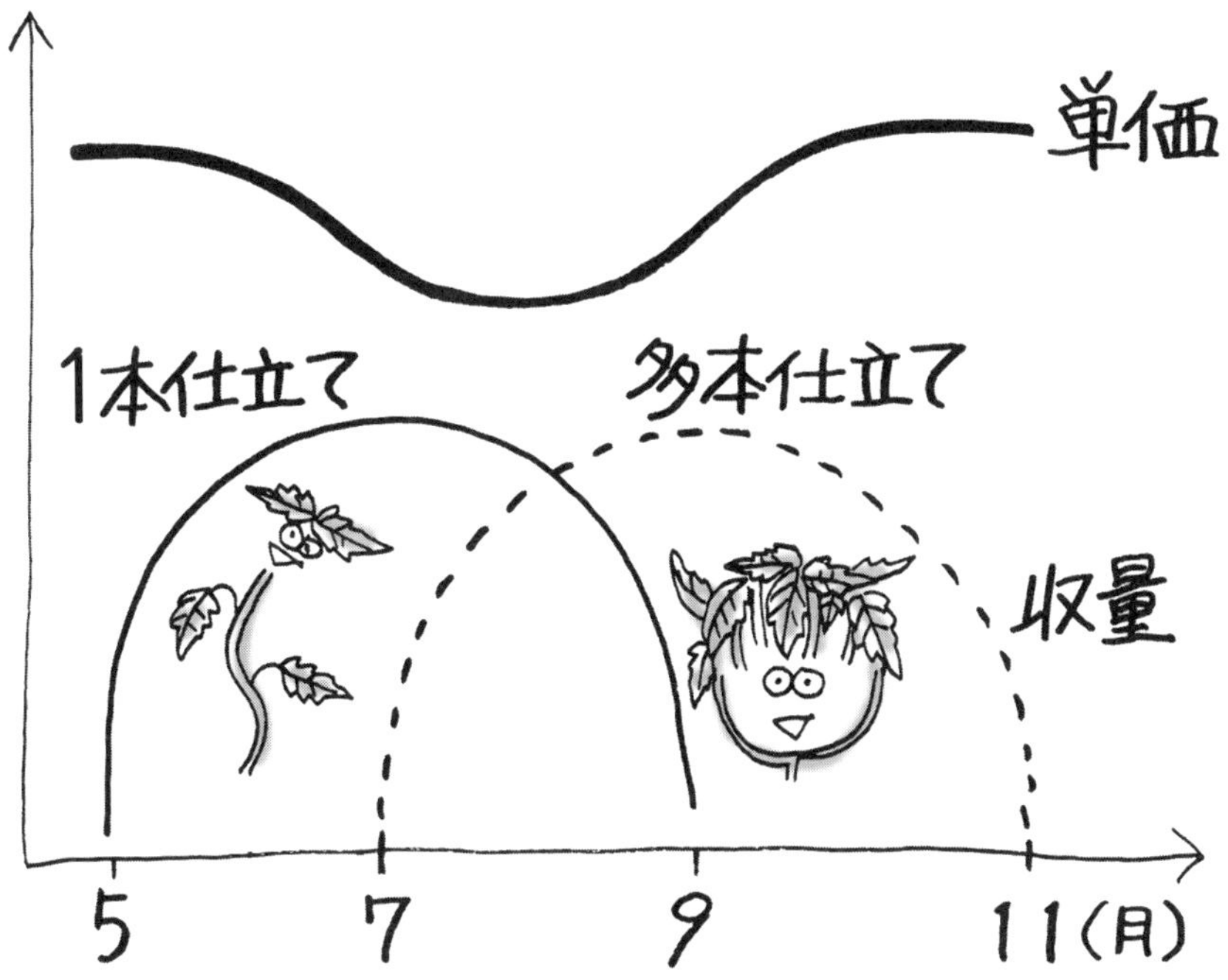

多本仕立ては有利といえるが、六月の収量が低いことは労力的に余裕がありすぎることになる。さらに、多収となる八、九月は超大忙しとなり、九月になると夜明けも遅くなることもあって、労力配分上は不利である。

実際、二〇一〇年に私が西会津のハウスミニトマトで経験したことだが、八月は一挙に多収となり、加えて八月下旬頃から果実が小さくなって収穫個数が増えるので収穫しきれず、結果としてひどいときには一週間も収穫できない場所が発生するなどした。多くの過熟果を出してしまい、その負荷で九月二十日頃に急に果実が成らなくなった。

面積が多すぎるとかえって減収

労力面で問題があっても、無灌水条

件では疎植多本仕立てにせざるを得ず、品質向上など長所も多いことから、一本仕立てに戻るわけにはいかない。

労力が余ってしまう前期の対策として、六〜七月に収穫最盛期となるインゲンやピックルキュウリを栽培したが、四〜五月は寒くて収穫開始が遅れたうえ、猛暑の影響で、八月中旬にはほとんど収穫できなくなってしまった。というより、トマト収穫に忙しく、収穫する暇もなくなってしまった。

大忙しとなる後期の対策として、トマトの挿芽苗を使い、九〜十月に収穫したが、ハウス被覆ができなかったため裂果などの障害が多く、果実を拭くなどの手間ばかりかかって、売上は少なかった。

このことから、一人当たりの面積は多すぎてもかえって収益が減り、収穫の山をずらす工夫を最大限行なうことが必要だと痛感した。たとえば未成熟

その作業に適した時間帯を

【袋採り果実は未明に詰めろ】 今年、袋の中での裂果を少しでも防ごうと、夕方収穫したミニトマトを未明の二時過ぎから袋詰めすることにしたら、いろいろなよいことがあった。まず、睡眠が充実する。眠りの深さは、初めが深い。夜中近くまで袋詰めしていたときは、朝収穫に起きるのがつらく、一日眠かったが、未明から詰めるようになって爽やかに収穫できるようになった。また、詰めるときに果実の温度が下がっているので、袋の中で蒸れることがなくなった。これも裂果防止に役立っている。そして、収穫後この時間までに割れた果実も詰めなくてすむ。

【昼収穫は体にも果実にも悪い】 キュウリでは、盛夏には朝夕のほかに、昼収穫する人もいるが、果実の温度が高くなっているため、日持ちが悪くなる。日中はハウスも暑いし、体にも悪い。

【風のない早朝にハウス被覆を】 朝凪、夕凪の言葉通り、早朝は風がないときが多い。ハウス被覆は風があると吹き落とされてやり直しになることも多く、非常に能率が悪い。夕凪はすぐ暗くなるので小さいハウスしかできない。

【露のない午後にハウス修理】 粘着テープは水分があると粘着力を失う。朝から一〇時頃までは朝露がついていて、その後もハウス内温度が上がるにつれ露が増える。このとき修理してもすぐはがれてしまう。

【涼しい夕方に鍬仕事】 暑い日中に重労働をすれば体にこたえる。土が乾く午後、日が傾いてから畝立て作業をして、風呂へ入って汗を流そう。

【昼は草むしりや堆肥入れ】 しゃがんで行なう草むしりを朝夕行なえば、ブヨや蚊が寄ってきてたまらない。堆肥入れもCO_2が出るためブヨや蚊が集まる。昼にむしった草は日光でたちまち乾く。

【草刈りは早朝に】 大鎌を使う草刈りは、草がピンと立っている早朝に行なう。日中はしなっていて切れにくい。

【雨の日は芽かきや接ぎ木は禁物】 雨の日は傷が乾かず、病原菌が侵入しやすい。接ぎ木では、蒸散がないので水分の通路ができず、活着しにくい。

トウモロコシのように、地元では七月には一本二百円するものが、八月には三本百円になるような野菜では、収穫時期に合わせた作型設定が必要である。

しかしトマトでは、特に無灌水条件がほぼ指定されている山間地などでは、まずこの作型があって、それに合わせて他の作物や面積などを決めていくしかないのではなかろうか。

直売で経験した失敗

私は現在、ナチュラルハウス、ヴェルジェ、有機家、大地を守る会など、首都圏を中心に、福島市や郡山市の直売店にも出荷している。これらとのつながりは有機農業研究会だったり、農業普及所の紹介だったりさまざまだが、それぞれ作物の品質や作り方のこだわりなどで、他の生産者と区別して販売してもらっており、多くのリピーターがついて安定して買ってもらえる状況にある。

もちろんそれまでには、多くの失敗があった。店の経営者や市場の担当者が替わったために出荷できなくなったような、やむを得ないケースもあるが、そうでない私自身の失敗のケースをいくつか紹介したい。

輸送による品質の劣化など

一つは、品質をめぐっての失敗である。

夏に冷蔵輸送しなかったために、九州に送ったメロンが全部腐ってしまったり、県内に送ったトマトが乱暴な扱いでつぶれてしまったり、四パック一箱のイチゴに中仕切を入れなかったために輸送中にパックが偏りつぶれてしまったり、といった輸送中の失敗があった。

メロンが夏の低温と日照不足で甘くならなかったが、外観ではわからず出荷して不評を買ったこともある。食味が劣るものは出さないようにし、もし苦情があったときは代品を送るなどアフターケアが必要。

大きくなりすぎたキュウリも出荷していたが、あとで店から「全然売れなかった」と苦情をいわれたこともある。普通に売られていないものは売れない。市場出荷されているものと規格が異なる場合などは、食べ方などの説明をつけないと売れない。

おいしい話にご用心!!

紹介詐欺

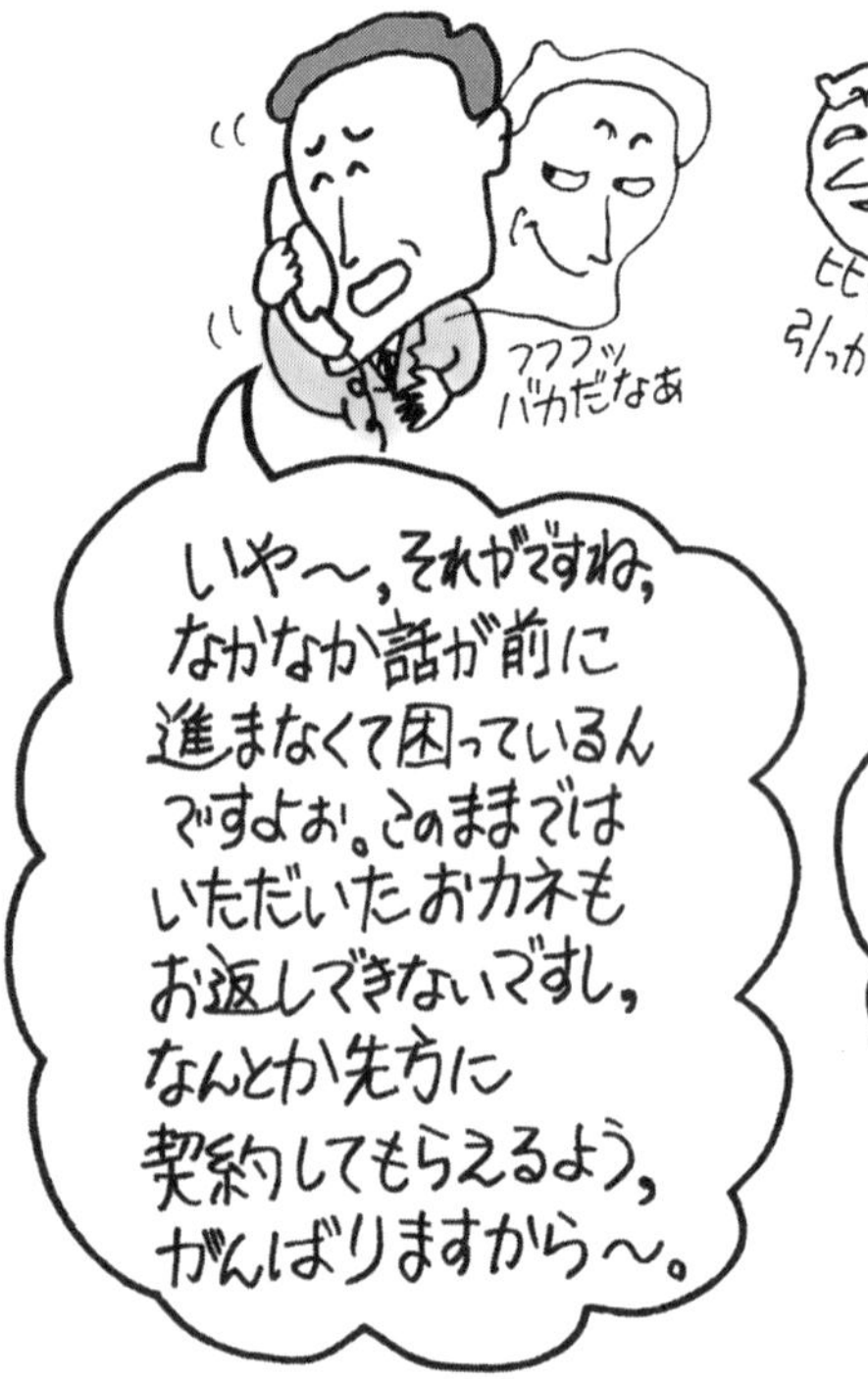
フフフッ
バカだなあ
いや〜，それがですね，なかなか話が前に進まなくて困っているんですよぉ。このままではいただいたおカネもお返しできないですし，なんとか先方に契約してもらえるよう，がんばりますから〜。

取り込み詐欺

ヒヒッ
引っかかった〜
とってもおいしかったあ〜！ありがとうございました!! それで今度はもっとたくさん送ってほしいんです。もちろん今回のように，すぐに送金しますよ。

取り込み詐欺、紹介詐欺

もう一つは、おいしい話に隠された毒に乗ってしまう失敗である。

アグリエクスポは、毎年東京ビッグサイトで開催され、有機栽培農家も出展することができる。ここで販売店などと出会い、商談が始まる。ここに参加する販売店などは、どちらかというと、その年からの取引というより、長期的な観点から品物を調べる目的が主なので、すぐに取引が始まることはそれほど多くない。実際、家まで見にきたとか、一回品物を送った程度の業者が多い。注意しなければならないのは、多くの詐欺師がねらっていることだ。

【取り込み詐欺】 試食品を「おいしいですね」とほめて農家を喜ばせ、送らせて代金をいつまでも支払わない。巧妙なのは、最初に少量注文してすぐ代金を支払い、信用させたあと、大量に注文してきて納品後に姿を消すという輩だ。

【紹介詐欺】「始めに二〇万円支払えば、有名レストランなどにお宅の農産物を紹介します」というインチキ業者だ。おもしろいことに、彼らには相場があって「全額前払いでは二〇万円、毎月更新の場合は五万円」という。いろいろなおいしい話をして、その気にさせてから、最後にこの手数料の話を出すので、期待が先立ってだまされる人も出てくる。お金を取ったあとしばらくはいろいろ努力しているふうに連絡してきて、「結局だめだった」ととくるので、農家も「授業料」と泣き寝入りするものと思われる。

販売先の開拓は人任せにしてはならない。自分で直接販売者を回って歩くしかないだろう。

加工と副産物の利用

加工品や副産物によって増収をはかることは、経営上非常に有効である。私は次のようなことを実施している。

傷果や不良果をカット売り

メロンは、店頭に飾っておくうちに、次第に傷んでくる。販売先のスーパーでは、これを切って、他の果物と組み合わせて「カット果物」として販売する。また、裂果したり、一部に病害虫などによる傷がついたりした果実も、出荷はできないが、その部分を取り除けば食べられる。そこでこうした果実も同様にカット果実として、イベントなどで販売している。SL観光列車では特に好評だった。

外観から、販売するには味に不安がある果実も、切ってみて食味がよければ、同様に販売する。こうした果実は概して糖度が低い。そこで、採種用に切った最高の果実のものと混合して、バランスをとる。なお、傷物を採種用に使うのは、傷の原因が遺伝的なものでないことを確認してからでないと、翌年傷物が増える結果になる。裂果や皮目（ネットの部分が深く割れて腐敗が始まる）は特に注意が必要。

私のメロン栽培では、カボチャの台果もつけるので、カボチャの販売ができれば非常に有利である。しかし食用品種は概して草勢が弱く、台木に向かないものが多く、台木用品種は食味が

有機ＪＡＳ認証制度の問題点

ＪＡＳ有機については、いろいろな立場から批判が出ているが、試験研究や普及事業に従事したのち、本格的に農業を営んでいる私として、有機ＪＡＳの考え方と、実際に認証を受ける者から見た問題点を書いてみる。

●正直者が馬鹿を見る申告制

まず、考え方として、「どのような有機農業を目指すか」という立場ではなく、一定の基準を満たしているか否かという、工業規格と同じ基準で審査が行なわれていることである。これには大別して三つの問題点がある。

第一は、性善説に立ち、申告を信ずることによる問題点。いわば、正直者が馬鹿を見るやり方だ。農薬や化学肥料を使っていても申告しなければわからず、申告すると不許可になる。農薬は残留調査などを抜き打ちで行なっているので、わかれば問題にされるが、化学肥料は使用の現場を押さえない限り発見は困難だ。

いっぽう、使用が認められている油粕など有機肥料を申告すると、「自分で製造工程をもらってこい」といわれ、やっともらってきても「印鑑がない」とか「年月日が抜けている」などと二度手間三度手間になる。「それなら使っても使わなかったことにしよう」と考えるのは人情だ。

●使える資材の基準が不明確

第二は、使ってよいものと悪いものの基準が不明確だということ。たとえばボルドウ剤は化学物質であるが、昔から使われているという理由で許可されている。しかし、銅剤であることから、生体内で鉄と拮抗し、フランスのボルドウ地方では、葡萄園でボルドウ剤が多用される季節になると、農家や近くの人の中に貧血が増え、ボルドウ病といわれているくらいで、決して安全な薬剤とはいえない。

生物由来の薬剤であっても、たとえばデリス根などは魚毒性があり、太古から魚採りに使われていたものなどは、どこでも使ってよいとはいえないものが大変多い。

いっぽう、人糞尿は有機資材であるが使ってはいけないことになっている。これは「回虫卵などの問題があるからだ」というが、長期間熟成したものでは寄生虫卵は死滅しており、ほとんど問題にならない。たしかに、終末処理場の汚泥には重金属が含まれ、これを施肥するのは問題があるが、自宅のトイレから取ったものを落ち葉と熟成させて培土にすることまで問題にする必要があるだろうか。

●世界的な潮流に反している

第三は、たとえば人糞尿は将来的には貴重な資源として、そして廃棄物対策としても、利用することが地球環境の上からも求められている。こうした地球全体の将来を考えたうえで有機農業のあり方を考え、基準を決めるべきではないか。

これは「遺伝子組換えは使わない」という基準についてもいえる。現在の遺伝子組換えは、特許の問題から、一部大企業の利益のために農家が被害を被っているし、除草剤抵抗性品種は除草剤の多用を招き、Ｂｔ剤組み込みは胃を切除した人への安全性などに心配が残る。

しかし、遺伝子組換えそのものは、自然界でも起こっていることであり、また人間がもたらした土壌の塩類集積などへの抵抗力をつけた品種がつくられれば、飢餓解消にも有益であり、遺伝子組換え技術そのものを否定することは、時代に逆行する考え方ではないだろうか。

人糞尿と遺伝子組換えを使わないという考え方は、キリスト教原理主義の思想であり、現在の「有機」の発祥地である西欧の考え方である。また、日本や西欧、カナダなどで盛んな遺伝子組換え反対運動が、なぜか米国では非常に弱いことは不可思議である。これはおそらく、CIAが自国の遺伝子組換え技術の独占を守るため、他の先進国での技術開発反対運動を助けているのであろう。

●面倒な書類作成、機械洗浄

もう一つ、農業のあり方からいえば、私が主張している、植物本来の力を活かす疎植多本仕立てや、地域の自然環境を活かす野草帯などについても、有機JASの中で義務づけることにより、農薬や化学肥料を使わなくてもできる農業に近づくのではないだろうか。

このようにして、アジアの気候風土と伝統に合致した有機農業のあり方を追求すべきだと思う。貿易においても、こうした地域ごとに異なる基準を容認するようにしなければ、欧米列強の帝国主義の時代から脱却できないことになると思う。

いっぽう、認証を受ける農家の立場からいうと、書類作成が非常に大変である。一つ一つの圃場について、使用した資材はもとより、定植期や収穫期など、厳密な報告が求められる。トマトやキュウリなど、毎日収穫するものについては、毎日使用した鋏や篭まで記入しなければならない。「正直マニア」でなければ、わからないものは適当に記入することになる。

また、農業機械を非認証圃場を通過して使う場合は毎回洗浄しなければならないなど、非現実的な規定が多すぎる。当然、報告にはこうした要求に合わせるために嘘を書くことになり、整合性をつけるためにさらに嘘を書き加えることになる。

●黙っていればわからない

こうした、形式的な嘘を書く癖がついてしまうと、最後には、使用禁止資材を使った場合でも、「わからなければよい」と、申告しないという重大な嘘をつくことにもつながってしまう。要するに、建前と本音の区別を農家は学ぶということになるわけだ。

私は一九八四年、トラックを買い換えた際、それまでのトラックを農試の圃場内専用として使うようにと寄付を申し入れたが、「事故が起こったらどうする」などといわれて断られた。しかし同じとき、場内では河川敷から拾ってきたバイクが使われていたが、誰も問題にしなかった。

つまり、申し出れば問題にされ、黙っていればわからないという、警察的考え方ではないだろうか。警察や官公庁はそれでよいかもしれないが、有機農産物がこのようなやり方で、食の安全が保たれるのか、極めて疑問である。

有機農業のやり方は一つではない。一定の基準さえ満たしていればよいという考え方を超え、多様性を認め、優れたところを顕彰し、問題点があれば指摘するなかで、全体として有機農業の発展に寄与しているものを評価するべきではないだろうか。

悪いだけでなく、着果が遅かったり、果実が大きすぎたり、腐りやすかったりすることもある。そこで私はそうした果実の食べ方を記したレシピを果実に貼りつけて販売している。また、必要な一果以外の摘果した若いカボチャはズッキーニと同じような調理法を紹介して販売している。

裂果を冷凍、ジュースにも

「紅涙」の欠点は、大雨が降ると裂果しやすいことだ。この裂果したトマトを、腐らないうちに近くのパン屋へ持参し、トマトを練り込んだパンやお菓子に加工してもらう。これが非常に好評だった。同じく裂果した紅涙を、近くの喫茶店へ販売し、冷凍保存しながら、ケチャップにして毎回少しずつ使ってもらっている。もちろんジュースにも使える。

トルクメニスタンでは、メロンの果肉を煮込み、ジュースにして瓶詰にする。瓶の中ではアルコール発酵が進み、一種の炭酸飲料となる。加熱してあるせいか、ココアのような風味もあり、なかなかおいしい。

乾燥して菓子、おつまみに

同じくトルクメニスタンでは、日本におけるカンピョウのように、メロンの果肉を帯状に切って日光で乾燥し、非常に甘いキャラメルのようなお菓子にして年中販売している。食味は単純で、日本人の好みにはあまり合わないかもしれないが、トルクメニスタンにはこれ専用のメロンの品種が存在する。日本でも、芋のズイキがこれに相当する利用法といえるかもしれない。

ミニトマトを凍結乾燥すると、非常に軽いかりんとうのような物ができ、甘味は少ないが、おつまみなどにするとおいしく食べられる。ただ、原価が高いので、製品価格も高くなり、「高級おつまみ」となってしまう。市場価格が暴落したときとか、労力がなくて選別ができないときなどの、一時的余剰品対策には使えるかもしれない。冷凍して氷菓子として販売することも考えられる。

メロンの果肉を切って冷凍すると、甘味が強く感じられ、販売方法さえ工夫すれば十分消費者に満足してもらえるので、今後の研究が期待される。

コラム3

山間ハウスの雪害対策

●細い安いパイプも活かせる

パイプハウスは、一九七〇年代には直径一九㎜が普通だったが、八〇年代後半には二二㎜が主流となり、現在は二五㎜で建てられることも多くなってきた。また「耐雪ハウス」として、三二㎜のパイプを使った大型ハウスも増加している。いっぽう、雪国では、おおむね一・八mおきにパイプ径四八㎜の太いアーチパイプを入れ、残りは二二㎜または二五㎜のパイプで建設するハウスも多く建設されている。

いうまでもなく、太いパイプを使うほど、雪には強くなる。では、全部三二㎜のパイプで建設したハウスと、一・八m間隔に四八㎜径のパイプ、そのほかは二二㎜径のパイプハウスではどちらが強いか？　答えは、断然後者である。これは小澤聖氏（当時は東北農業試験場）が解明している。後者のほうが、使われる鉄の量も少なく、経費も安い。

二〇〇九年十二月冬、福島県西会津町では、大雪のために三二㎜パイプで作られた耐雪ハウスが二棟もつぶされた。いつもの年であれば十一月頃から少しずつ雪が積もり、解けて被覆資材の上のホコリが洗い流され、それ以後の雪が落ちやすくなるのだが、この年は突然大雪が積もり、解けることがなかった。落ちていなかったホコリのため、雪が落ちるのが妨げられ、三二㎜径のパイプでも支えきれなかったのだ。

●太さは不均一なほうが強い

では、なぜ、遠い間隔で極太のパイプを入れたほうが強いのか。私は次のように推定する。雪に対するパイプハウスの強さは、大雑把にいえばパイプの直径とハウスの幅の比によって決まる。私は、一九㎜径の四・五m幅、二二㎜径の五・四m幅、二五㎜径の六・三m幅はだいたい同じ強さと考えている。

全体が細い径のパイプで構成されていても、四八㎜径のような極太のパイプが一・八m間隔で入っていると、二二㎜径のような細く弱いパイプでも雪が支えられているため、折れやすい肩の部分で働く「てこの原理」によって降伏点に達しない。極太パイプ二本の間に挟まれた三本の細いパイプには大きな力がかからないので、多少たわんでも、そのほかのパイプに伝搬しない（図34）。

それに対して、全部が三二㎜径パイプで構成されたハウスでは、たとえば不均一な雪の積もり方から、一カ所でもつぶれ始めると、同じ強さしかない隣のパイプにはさらに強い力が働き一挙につぶれてしまう。二〇〇九年の大雪によるハウス倒壊は、ある程度太めのパイプですべてを揃えるよりも、太いパイプと細いパイプが助け合って丈夫さを作り出していたのだということを教えてくれている。

●折れたハウスは再生修理

二〇〇二年十月二十九日早朝、前夜から降り始めた時ならぬ大雪のため、三〇aのパイプハウスがつぶされてしまった。災害対策で築五年以下のハウスは七割補助で再建されたが、六年以上経過していた私のハウスは補償がなく、近所の人から使わなくなったハウスをもらったりして再建をはからなかった。

しかし元通りに再建するには資材が足りず、折れたハウスを修理して使うことにし

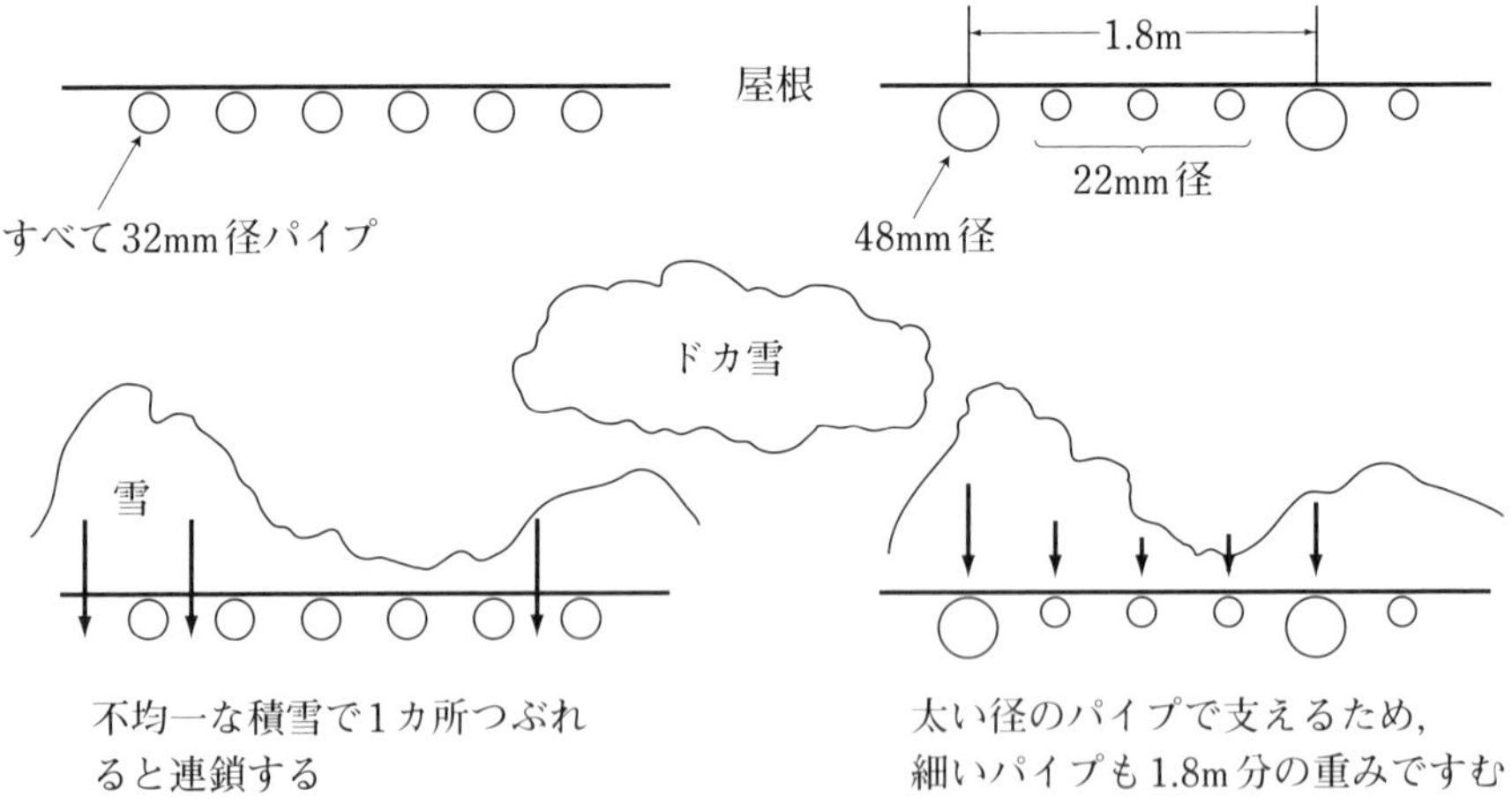
1.8m
屋根
すべて32mm径パイプ
22mm径
48mm径
ドカ雪
雪
不均一な積雪で1カ所つぶれると連鎖する
太い径のパイプで支えるため，
細いパイプも1.8m分の重みですむ

図34　パイプの太さは不均一なほうが強い

た。このとき、試行錯誤の末、折れたハウスの再生修理方法を発見したおかげで、二〇一〇年四月十七日の時ならぬ大雪でも、つぶされた近くの人のハウスをもらい受け、修理して使うまでになった。

まず、折れた部分（おもに肩部）を切り取る。切り取る部分が短すぎると断面が長楕円形となり、つなぎのパイプ（直径二二㎜パイプハウスなら二五㎜パイプ）が入りにくい。しかし、長すぎると正円形となり、つなぎ部分がぐるぐる回ったり抜けやすくなってしまう。そこで、折れた部分のパイプを切り取るときには、やや楕円形になる長さで切り取る。

●切って、叩いて、つなぐ

多くの場合、天井になる側のパイプは曲がっているので、この曲がりを修復しなければならない。そんなときは、樹木の太い枝が分かれているところや、根元から二本太い幹が出ているところに曲がったパイプを挟むか、四八㎜のパイプの反対側をブロックなどで抑えて、木の股の間か四八㎜パイプの中にパイプを突っ込んで曲がりを修正する。

次に、一三㎝程度の長さに切った二五㎜パイプの中央をハンマーで叩いてやや凹ませ、ハウスの屋根部分になるほうのパイプの折れた側に半分まで打ち込む。それからサイド部分になるパイプを、足側からハンマーで叩いて打ち込む。このとき、足が錆びて腐っていれば、足も切り取って必要な長さに二五㎜パイプをつなぐ。この際にも、つなぎパイプの上から数㎝のところを叩いて、つないだパイプがそれ以上かぶらない

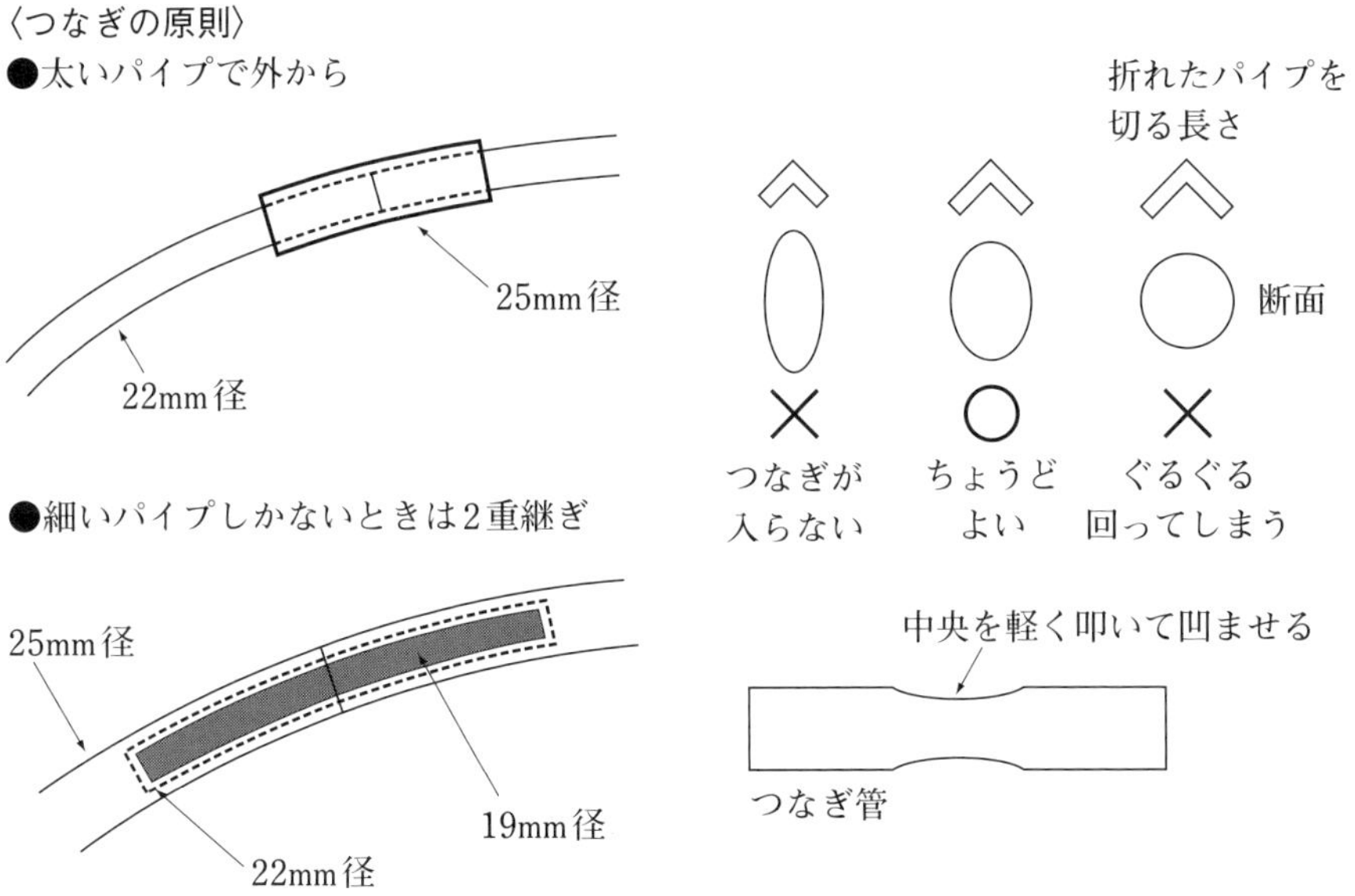
〈つなぎの原則〉
●太いパイプで外から
25mm径
22mm径
折れたパイプを
切る長さ
断面
×
○
×
つなぎが
入らない
ちょうど
よい
ぐるぐる
回ってしまう
●細いパイプしかないときは2重継ぎ
25mm径
19mm径
22mm径
中央を軽く叩いて凹ませる
つなぎ管

図35　雪害で折れたパイプの再生利用

ようにする。

この方法は慣れるとかなりのスピードでできる（図35）。

●つなぎ部分は太いパイプで

できたパイプは運ぶときに外れたりすることもあるが、組み立てたあとは外れにくく、肩の部分が補強してあるため雪に対してはつぶされる前よりかえって強くなっている。まさに「わざわい転じ福と為す」といえるだろう。

注意が必要なのは、二二mmのパイプに対して、一九mmパイプを内側に差し込んでつなぐと弱くなってしまう。つなぎには二五mmパイプを使って、二二mmパイプを差し込むようにする。

では、二五mmハウスがつぶされたときはどうするか？ 二八mmパイプは峰ジョイントしか一般に売られていないため、やむなく二二mmパイプで内側からつなぐことになる。そんなときには、二二mmパイプのさらに内側に一九mmパイプを入れた二重のパイプでつなぐ。そうしないと、再び雪が積もったときに、つなぎ部分からつぶされることになってしまう。

●除雪作業で注意すること

除雪機は家庭用にロータリー式が普及している。大きさもさまざまあるが、道を除雪するだけならば、よほどの豪雪地でない限り小型で間に合う。しかしハウスの場合、屋根から落ちた雪は自然に降った雪と違って締まり、小型の除雪機では乗り上げてしまい、ほとんど除雪できない。

油圧によって、ロータリーを上げたり下げたりできる装置が不可欠となり、これがついた中型機械が使われることになる。また、屋根から落ちた雪は当然傾いて積もっ

column

ているから、左右にもロータリーを傾けられる装置がついていると便利である。

回転部がらせん杭などにぶつかるとボルトが切れてしまうので注意し、回転部に雪がくっついて除雪できなくなれば一回止めて、雪を落としてから再出発する。湿った雪だと出口（煙突のような形）が詰まりやすいので、回転数を上げて除雪し、詰まったら回転を止めてから雪をかき出す。こうした雪落とし作業で注意が必要なのは、怪我をしないよう必ず回転を止めてからにすることと、除雪機を溝などに落とさないようにすることである。

アルミ製のスコップで除雪するときも同様に、雪がくっつくと重くなり、除雪が困難になる。プラスチック製スコップだとくっつかないが、割れやすいので、使うときは無理な力が加わらないようにしなければならない。

著 者 略 歴

小川 光（おがわ ひかる）

1948年，東京都生まれ。71年，東京大学農学部卒業後，福島県園芸試験場勤務。

75年より畑を借り，野菜を栽培。喜多方農業改良普及所，農業試験場，会津農業センターなどを経て99年に退職，専業就農。2005〜06年，トルクメニスタン国立農業科学研究所研究員。

著書に『畑のある暮らし方入門』（講談社）がある。

トマト・メロンの自然流栽培

——多本仕立て、溝施肥、野草帯で無農薬

2011年 3 月31日　第 1 刷発行

著 者　小川　光

発 行 所　社団法人　農 山 漁 村 文 化 協 会
郵便番号　107-8668　東京都港区赤坂7丁目6 - 1
電話　03(3585)1141(代表)　03(3585)1147(編集)
FAX　03(3585)3668　　振替　00120 - 3 - 144478
URL　http://www.ruralnet.or.jp/

ISBN978-4-540-10188-5　　DTP製作／㈱新制作社
〈検印廃止〉　　印刷・製本／凸版印刷㈱